중국어와 친해지는

기초 다지기

초급 중국어 3

중국어와 친해지는

기초 다지기 초급 중국어 ❸

인 쇄 일	2011년 7월 15일
발 행 일	2011년 8월 1일

저 자	孙文娟, 廉竹钧, 全春花, 洪凯云 공저
발 행 인	윤우상
책 임 편 집	최준명, 윤병호
표지 디자인	Design Didot 디자인디도
발 행 처	송산출판사
주 소	서울특별시 서대문구 홍제2동 104-6번지
전 화	(02) 735-6189
팩 스	(02) 737-2260
홈 페 이 지	http://www.songsanpub.co.kr
등 록 일 자	1976년 2월 2일. 제 9-40호

ISBN 978-89-7780-170-7 13720

중국어와 친해지는

기초 다지기

초급 중국어 3

孙文娟、廉竹钧
全春花、洪凯云 공저

송산출판사

머리말

세 권으로 한 세트 된 초급 중국어 교재는 홍익대학교 조치원 캠퍼스 교양 중국어 원어민 선생님들의 협력으로 심혈을 기울여 완성한 저서입니다. 또한, 선생님들의 다년간 중국어 교육경험을 바탕으로 현재 사용 중인 중국어 교재를 보완하였고, 중국어를 공부하는 한국 학생이나 자습을 하는 모든 사람들에게 한어능력평가(HSK)를 응시 할 수 있게 만든 전문적인 교재이기도 합니다.

현재 시중에 나와 있는 중국어 교재를 보면 중국어 전공을 하는 학생들을 대상으로 편저 된 책들이 대부분이며, 책 마다 편중한 부분이 있고 학생들은 각기 다른 중점을 둔 교재를 통해 중국어에 대한 전면적인 학습을 할 수 있게 되어 있습니다. 그러나 전공교재 외 비 전공을 하는 학생이나 사람들이 교양, 수업, 이수, 학습할 수 있는 저서는 그리 많지 않습니다. 이런 수요를 착안해서 편저된 이 교재는 널리 자료를 인용하고, 여러 전문지식에 접근하여 쉬운 부분부터 시작해서 깊이 있는 부분까지 중국어의 기본 어법과 어휘를 소개하였으며, 게다가 과 마다 반복된 연습은 단어나 어법, 그리고 문장형태를 더욱 긴밀하게 연관시켰습니다. 이 책 한 권의 요점을 잘 학습하여 파악한다면 HSK 三級 시험은 통과 할 수 있다고 생각이 되며, 일상생활에서도 많이 활용 할 수 있다고 생각합니다.

더불어 이 교재는 시대흐름과 같이 나아 갈 수 있는 교재이며, 학생들이 대부분 매일 사용할 생활 단어, 예를 들면, 인터넷을 이용해서 자료 찾기, E-mail 사용하기, 휴대폰 전화번호 묻기 등을 포함하고 있습니다. 학생들의 학습에 대한 열정과 흥미를 자극시켜 중국어 말하기와 사용하기를 생활의 일부가 될 수 있도록 즐겁고도 실용적인 분위기에서 자신의 중국어실력을 향상시키게 할 수 있도록 하였습니다.

이 교재는 여러 편집 선생님들의 노력 아래에서 두 학기를 거쳐, 실전 강의를 통해서 부족한 점을 보완하여 수정했지만 완벽한 교재는 아니라고 생각합니다. 그러므로 훌륭한 여러 교수님들의 아낌없는 편달 및 시정과 학생들의 건의를 겸허하게 기다리며, 개정 출판할 때 더욱 완전한 내용으로 보완하겠으며, 보다 더 중국어 교육에 노력하고 매진하겠습니다.

目录

第一课

我们好几年没见面了吧?

▶▶ 生词 단어

同学	tóngxué	명	학우, 동창(생)
好	hǎo	부	수가 많거나 시간이 오래됨을 나타냄
家	jiā	양	점포, 공장 등을 세는 양사
贸易	màoyì	명	무역
上班	shàngbān	동	출근하다
老	lǎo	형	본래의, 오래 된, 옛
经理	jīnglǐ	명	경영 관리 책임자, 매니저
让	ràng	동	~하게 하다
接待	jiēdài	동	접대하다, 응접하다
客户	kèhù	명	고객, 거래처
找	zhǎo	동	찾다
出差	chūchāi	동	출장 가다
已经	yǐjing	부	이미, 벌써
叙旧	xùjiù	동	옛일을 이야기 하다, 회포를 풀다
但是	dànshì	접	그러나, 그런데
所以	suǒyǐ	접	그래서
约	yuē	동	약속하다

▶▶ 专有名词 고유명사

丁兰	Dīng Lán	정란 (사람 이름)
加拿大	Jiānádà	캐나다
北京饭店	Běijīng fàndiàn	북경 호텔

会话 회화

丁　　兰：请问，这是英美家吗？
Qǐngwèn, zhè shì Yīngměi jiā ma?

英美妈妈：对，请问你是哪位？
Duì, qǐngwèn nǐ shì nǎ wèi?

丁　　兰：我是丁兰，英美的同学。英美在家吗？
Wǒ shì Dīng Lán, Yīngměi de tóngxué. Yīngměi zài jiā ma?

英美妈妈：她去学校了，还没回来，请你等一会儿再打来吧！
Tā qù xuéxiào le, hái méi huílái, qǐng nǐ děng yíhuìr zài dǎ lái ba!

（过了一会儿）
(Guò le yíhuìr)

金英美：喂！
Wéi!

丁　　兰：喂！我是丁兰。你是英美吧？
Wéi! Wǒ shì Dīng Lán. Nǐ shì Yīngměi ba?

金英美：啊！丁兰。你是什么时候回国的？
À! Dīng Lán. Nǐ shì shénme shíhou huíguó de?

丁　　兰：前天。我们好多年没有见面了吧？
Qiántiān. Wǒmen hǎo duō nián méiyǒu jiànmiàn le ba?

金英美：是啊，你现在在哪儿工作？
Shì a, nǐ xiànzài zài nǎr gōngzuò?

丁　　兰：在一家贸易公司上班。
Zài yì jiā màoyì gōngsī shàngbān.

金英美：你住哪儿？
Nǐ zhù nǎr?

丁　　兰：我住北京饭店。你还在老地方住吗？
Wǒ zhù Běijīng fàndiàn. Nǐ hái zài lǎo dìfang zhù ma?

金英美：对，我一直住那儿。你今天下午有时间吗？
Duì, wǒ yìzhí zhù nàr. Nǐ jīntiān xiàwǔ yǒu shíjiān ma?

丁　　兰：今天下午我们经理让我接待客户。明天下午怎么样？
Jīntiān xiàwǔ wǒmen jīnglǐ ràng wǒ jiēdài kèhù. Míngtiān xiàwǔ zěnmeyàng?

金英美：行，明天我请你吃饭。
Xíng, míngtiān wǒ qǐng nǐ chī fàn.

丁　兰：好。明天下午两点我去找你。
Hǎo. Míngtiān xiàwǔ liǎng diǎn wǒ qù zhǎo nǐ.

短文 단문

丁兰 给 老 同学 金英美 打 电话。她 现在 住 在 加拿大，
Dīng Lán gěi lǎo tóngxué Jīn Yīngměi dǎ diànhuà. Tā xiànzài zhù zài Jiānádà,

在 一 家 贸易 公司 上班，这 几 天 回国 出差，住 在 北京 饭店。
zài yì jiā màoyì gōngsī shàngbān, zhè jǐ tiān huíguó chūchāi, zhù zài Běijīng fàndiàn.

她们 已经 好 几 年 没有 见面 了，想 快 点儿 见面 叙叙 旧，但
Tāmen yǐjīng hǎo jǐ nián méiyǒu jiànmiàn le, xiǎng kuài diǎnr jiànmiàn xùxu jiù, dàn

是 丁兰 今天 得 接待 客户，所以 她们 约 好 明天 下午 见面。
shì Dīng Lán jīntiān děi jiēdài kèhù, suǒyǐ tāmen yuē hǎo míngtiān xiàwǔ jiànmiàn.

语言点注释 어법 설명

1. 부사 '还'

부사 '还' 는 '아직, 여전히' 라는 뜻으로 사용된다. 동작이나 상태가 지속되어 있으며, 상태가 변하지 않은 것을 나타낸다.

예: 金英美还在老地方住。

已经十点了，他怎么还不回来？

2. 부사 '好'

수량이 많거나 혹은 시간이 오래 된다는 것을 강조한다. 주로 형용사 '多, 久' 혹은 '几' 를 사용하는 수량사나 시간사 앞에 사용된다.

예: 我们好多年没有见面了吧？

好久不见了，最近怎么样？

3. 시간부사어

시간을 나타내는 단어가 부사어로 쓰여 그 기간 내에 동작이 완성되었거나 혹은 상황이 발생했다는 것을 나타낸다.

예: 她们已经好几年没有见面了。

他这两年一直住在那儿。

4. 겸어문

술어가 두 개의 동사구 (하나의 동목구와 하나의 주술구)로 되어 있으며, 앞 동사의 목적어인 동시에 뒷 동사의 주어가 되는 문장을 '겸어문' 이라고 한다.

주어 + 동사1 + 겸어 + 동사2

예: 我 请 你 吃 饭。

经理 让 我 接待 客户。

练习 연습

一. 替换练习 교체연습

1. 我请 你 吃饭。
   他 看电影
   你 去我老家玩儿
   他 给我买几本书

2. 我们经理让 我 接待客户。
   我 开车
   他 去中国出差
   小李 翻译韩文资料

3. 我们 好几年没有见面了。
   好几个月没有联系了
   好多年没有回老家了
   好久没有一起吃饭了

二. 填空 빈칸 채우기

（ 出差 再 接待 好 上班 还 ）

1. 他是我们的老客户了，你一定要好好________ 他。
2. 他在一家中韩贸易公司工作，常去韩国________。
3. 我们公司很远，________需要两个小时。
4. 已经9点了，你怎么________没起床？
5. 我们经理今天没来公司，请你明天________来吧。
6. ________几位客户打电话找我们经理，可是她今天没来公司。

三. 造句练习 문장 만들기

1. 妈妈________________________________。（让）
2. 已经十点了，________________________________。（还）
3. 这几年________________________________。（一直）
4. 她一直住加拿大，________________________________。（好多）
5. 我们约好三点见面，________________________________。（好久）
6. 这件衣服真好看，________________________________？（是……的）

四. 翻译 번역 연습

1. 우리 여러 해 동안 만나지 못했습니다.

2. 저는 지금 한 무역회사에서 일합니다.

3. 저는 줄곧 북경에서 살았습니다.

4. 사장님께서 저를 고객으로 초대하라고 하셨습니다.

5. 저녁 때 제가 식사를 대접하겠습니다.

6. 그는 아직 돌아오지 않았습니다.

五. 情景会话

문장을 읽고 주어진 상황에 맞게 대화를 만들어 보세요.

星期天，你同学从美国回来了，你和他好久没有见面了。他现在还住在老地方。你很想请他吃饭，但是这两天他有事儿，所以你们打算下星期见面，两人好好儿叙叙旧。

상황: 당신은 오랜만에 미국에서 돌아온 친구를 만났다.
화두: 好久不见了！你是什么时候从美国回来的？

문화엿보기

中国的教育制度 중국의 교육 제도

중국의 교육제도는 초등 중등 고등의 3단계로 나뉜다.

초등은 초등학교 (小学 xiǎoxué), 중등은 중학교 (初中 chūzhōng)와 고등학교 (高中 gāozhōng)를 가리키고 고등은 전문대 (专科 zhuānkē)이상의 교육을 말한다.

초등교육과 중등교육은 6년제이고 중국정부는 의무교육을 실시하며 의무교육은 만 6세부터 15세까지로 중학교까지 의무교육인 셈이다. 중국 고등교육에는 종합대학교 (大学 dàxué)와 단과대학 (学院 xuéyuàn) 그리고 전문대에 해당하는 专科 (zhuānkē)가 있다. 여기서 말하는 学院 (xuéyuàn) 는 한국에 학원을 가리키는 것이 아니라 단과대학 혹은 종합대학아래 학부를 말한다. 고등교육 학위는 학사, 석사, 박사가 있으며 학사는 보통 문과, 이과 4년제이다. 이공계나 의학계는 보통 5년제이다. 석사는 2~3년이고 박사는 보통 3~4년이다.

학기는 1년에 2개 학기로 나뉘며 신학기는 보통 9월초에 시작하고 2학기는 보통 정월대보름 전후에 시작된다.

第二课

你家布置得真漂亮

▶▶ 生词 단어

布置	bùzhì	동	장식하다, 꾸미다
得	de	조	동사나 형용사 뒤에 쓰여 정도를 나타내는 보어와 연결시킴
漂亮	piàoliang	형	예쁘다
收拾	shōushi	동	정리하다, 치우다
干净	gānjìng	형	깨끗하다
套	tào	양	벌, 세트
沙发	shāfā	명	소파
起来	qǐlái	동	동사 뒤에 쓰여 인상이나 견해를 나타냄
时尚	shíshàng	형	시대적 유행에 어울리다
		명	당시의 풍조, 시대적 풍모
参观	cānguān	동	참관하다, 견학하다
卧室	wòshì	명	침실
卫生间	wèishēngjiān	명	화장실
客厅	kètīng	명	거실, 객실
墙	qiáng	명	벽
挂	guà	동	(고리, 못 따위에) 걸다
着	zhe	조	동사 뒤에 쓰여 동작의 지속을 나타냄
全家福	quánjiāfú	명	가족사진
全	quán	형	전부의, 모든
爷爷	yéye	명	할아버지
奶奶	nǎinai	명	할머니
双胞胎	shuāngbāotāi	명	쌍둥이
出生	chūshēng	동	출생하다, 태어나다
做客	zuòkè	동	손님이 되다
发现	fāxiàn	동	발견하다

会话 회화

丁　兰：　你家布置得真漂亮，收拾得也这么干净！
Nǐ jiā bùzhì de zhēn piàoliang, shōushi de yě zhème gānjìng!

金英美：　谢谢，请这边坐。
Xièxie, qǐng zhèbiān zuò.

丁　兰：　这套沙发坐起来真舒服，是什么时候买的？
Zhè tào shāfā zuò qǐlái zhēn shūfu, shì shénme shíhou mǎi de?

金英美：　是上个月买的。
Shì shàng ge yuè mǎi de.

丁　兰：　设计也挺时尚的。可以参观一下你的新家吗？
Shèjì yě tǐng shíshàng de. Kěyǐ cānguān yíxià nǐ de xīn jiā ma?

金英美：　行。我们先吃点儿水果、喝杯茶再看吧！
Xíng. Wǒmen xiān chī diǎnr shuǐguǒ、hē bēi chá zài kàn ba!

丁　兰：　好。
Hǎo.

（过了一会儿）
(Guò le yíhuìr)

金英美：　请跟我来，这是卧室……这是卫生间……
Qǐng gēn wǒ lái, zhè shì wòshì…… zhè shì wèishēngjiān ……

丁　兰：　（看到客厅墙上挂着一张照片）这是你们全家的照片吗？
(kàndào kètīng qiáng shang guà zhe yì zhāng zhàopiàn) zhè shì nǐmen quán jiā de zhàopiàn ma?

金英美：　对，这是我们最近拍的全家福。
Duì, zhè shì wǒmen zuìjìn pāi de quánjiāfú.

丁　兰：　拍得真不错！
Pāi de zhēn búcuò!

金英美：　谢谢！你看，中间坐着的是我爷爷和奶奶。
Xièxie! Nǐ kàn, zhōngjiān zuò zhe de shì wǒ yéye hé nǎinai.
左边是我爸爸，右边是我妈妈。
Zuǒbiān shì wǒ bàba, yòubiān shì wǒ māma.

丁　兰：　你还有个双胞胎姐妹啊。谁是姐姐？
Nǐ hái yǒu ge shuāngbāotāi jiěmèi a. Shuí shì jiějie ?

金英美：　我是姐姐，我早出生十分钟。
Wǒ shì jiějie, wǒ zǎo chūshēng shí fēnzhōng.

短文 단문

丁兰 到 金英美 家 做客。英美 家 布置 得 很 漂亮， 收拾 得
Dīng Lán dào Jīn Yīngměi jiā zuòkè. Yīngměi jiā bùzhì de hěn piàoliang, shōushi de

也 很 干净。吃 完 水果， 喝 完 茶 后， 英美 带 丁兰 参观 了
yě hěn gānjìng. Chī wán shuǐguǒ, hē wán chá hòu, Yīngměi dài Dīng Lán cānguān le

自己 的 家。丁兰 看到 了 客厅 墙 上 挂 着 的 全家福。英美 给
zìjǐ de jiā. Dīng Lán kàndào le kètīng qiáng shang guà zhe de quánjiāfú. Yīngměi gěi

丁兰 介绍 了 自己 的 家人， 丁兰 发现 英美 还 有 个 双胞胎
Dīng Lán jièshào le zìjǐ de jiārén, Dīng Lán fāxiàn Yīngměi hái yǒu ge shuāngbāotāi

妹妹。
mèimei.

语言点注释 어법 설명

1. 정도보어(1)

동사나 형용사 뒤에 쓰여 동작이나 사물의 성질이 도달한 정도를 설명하는 보어를 정도보어라고 한다.
이러한 보어는 대개 형용사가 그 역할을 하며 대부분 동사와 보어 사이에 구조조사 '得'가 온다.

동사 + (목적어 + 동사) + 得 + (很、太、真、特别) + 형용사

예: 你家 布置 得 真 漂亮!
他 说 汉语 说 得 很 好。

2. 지속을 나타내는 '着'

동태조사 '着'는 동사 뒤에 쓰여 주로 동작이나 상태가 지속되는 것을 나타낸다.

예: 丁兰看到客厅墙上挂<u>着</u>一张照片。
我还在老地方住<u>着</u>。

练习 연습

一. 替换练习 교체연습

1. 客厅墙上　挂　着　一张照片。
　书上　写　他的名字
　前面　坐　几个学生
　房间里　住　两个留学生

2. 你家　布置　得　真漂亮。
　你妹妹　来　太晚了
　我的房间　收拾　很干净
　这张照片　拍　特别好

3. 可以　参观一下你的新家　吗？
　看一下你的书
　用一下你的手机
　听一下我的发音

二. 填空 빈칸 채우기

（　起来　收拾　着　双胞胎　得　做客　）

1. 他喜欢听______音乐做作业。
2. 他的______弟弟跟他长得一样。
3. 他请我周末去他家______。
4. 这件衣服穿______很舒服。
5. 她汉语说______那么好，跟中国人一样。
6. 你的房间______得真干净。

补充生词 보충단어

长　zhǎng　동　생기다, 자라다

三. 造句练习 문장 만들기

정도보어를 사용하여 문장을 만들어 보세요.

보기 你家布置得真漂亮。

1. 英美的汉语__________________。

2. 他唱歌＿＿＿＿＿＿＿＿＿＿＿＿＿＿＿＿＿＿＿＿＿＿＿＿。

3. 今天考试＿＿＿＿＿＿＿＿＿＿＿＿＿＿＿＿＿＿＿＿＿＿＿。

'着' 를 사용하여 문장을 만들어 보세요.

보기 放 (소파에 책이 놓여 있는 경우) → 沙发上放着一本书。

1. 开 (문이 열려 있는 경우)

2. 挂 (벽에 가족 사진이 걸려있는 경우)

3. 看 (어머니께서 거실에서 텔레비전 보고 계시는 경우)

4. 喝 (친구가 커피를 마시고 있는 경우)

补充生词 **보충단어**

放	fàng	동	놓아두다, 맡겨 두다

四. 翻译 번역 연습

1. 집을 참 예쁘게 꾸몄습니다.

2. 이 소파 세트는 새로 산 것입니다.

3. 이것은 최근에 찍은 우리 가족사진입니다.

4. 가운데 앉으신 분들은 제 할아버지와 할머니입니다.

5. 당신은 쌍둥이 자매가 있었군요!

6. 제가 십 분 일찍 태어났습니다.

五. 情景会话

다음 그림을 보고 주어진 자료를 바탕으로 대화를 나누어 보세요.

爸爸: 公司职员	弟弟: 中学生
妈妈: 老师	妹妹: 小学生

상황: 친구의 집에서 가족사진을 보면서 이야기를 나눈다.
화두: 这是你们家的全家福吧？ 照得真好！

室内平面图　실내구조

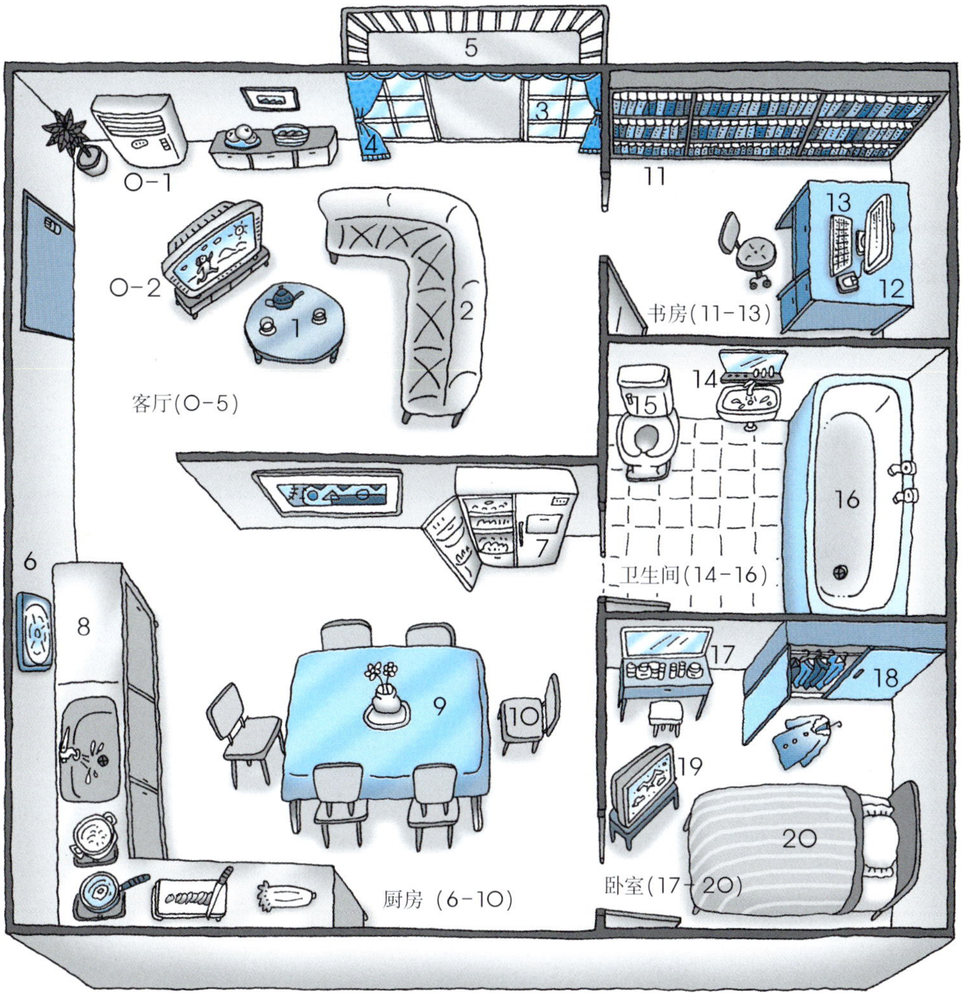

5
3
4
O-1
11
13
O-2
12
2
1
书房(11-13)
14
15
客厅(O-5)
16
7
6
卫生间(14-16)
8
17
18
9
10
19
20
厨房 (6-10)
卧室(17-20)

客厅 kètīng 거실 (O-5)

O-1	空调 kōngtiáo 에어컨	O-2	电视 diànshì TV
1	茶几 chájī 차탁자	2	沙发 shāfā 소파
3	窗户 chuānghu 창문	4	窗帘 chuānglián 커튼
5	阳台 yángtái 발코니, 베란다		

厨房 chúfáng 주방 (6-10)

6	抽油烟机 chōuyóuyānjī 환풍기	7	冰箱 bīngxiāng 냉장고
8	厨柜组合 chúguì zǔhé 씽크대		
9	餐桌 cānzhuō 식탁	10	椅子 yǐzi 의자

书房 shūfáng 서재 (11-13)

11	书柜 shūguì 책장	12	书桌 shūzhuō 책상
13	电脑 diànnǎo 컴퓨터		

卫生间 wèishēngjiān 화장실 (14-16)

14	洗脸台 xǐliǎntái 세면대	15	坐便器 zuòbiànqì 좌변기
16	浴缸 yùgāng 욕조		

卧室 wòshì 침실 (17- 20)

17	梳妆台 shūzhuāngtái 화장대	18	衣柜 yīguì 옷장
19	电视 diànshì TV		
20	床 chuáng 침대		

第三课

你怎么没去上课?

▶▶ 生词 단어

开	kāi	동	(모임 따위를)열다, 개최하다
运动会	yùndònghuì	명	운동회, 체육 대회
参加	cānjiā	동	참가하다, 참여하다
从小	cóngxiǎo	부	어릴 때부터
对	duì	전치	~에 대해(서)
感兴趣	gǎnxìngqù		관심이 있다, 흥미가 있다
演讲	yǎnjiǎng	명	강연, 웅변
		동	강연하다, 웅변하다
准备	zhǔnbèi	동	준비하다
稿	gǎo	명	초고, 원고
够	gòu	형	충분하다, 넉넉하다
差	chà	형	차이가 지다
内容	nèiróng	명	내용
背	bèi	동	외우다, 암기하다
差不多	chàbuduō	형	큰 차이가 없다
		부	거의, 대체로
讲	jiǎng	동	말하다, 이야기하다
帮	bāng	동	돕다, 거들다
极了	jíle	부	형용사나 동사의 뒤에 붙여 그 정도가 가장 심함을 나타냄
标准	biāozhǔn	형	표준의, 표준적이다
		명	표준, 기준
表情	biǎoqíng	명	표정
自然	zìran	형	자연스럽다
加	jiā	동	더하다, 증가하다
流利	liúlì	형	유창하다
练习	liànxí	동	연습하다
		명	연습 문제

会话 회화

张东明： 今天 你 怎么 没 去 上课?
Jīntiān nǐ zěnme méi qù shàngkè ?

金英美： 因为 学校 开 运动会， 所以 不用 上课。
Yīnwèi xuéxiào kāi yùndònghuì, suǒyǐ búyòng shàngkè.

张东明： 你 怎么 没 去 参加 运动会?
Nǐ zěnme méi qù cānjiā yùndònghuì?

金英美： 我 从小 就 对 运动 不 感 兴趣。
Wǒ cóngxiǎo jiù duì yùndòng bù gǎn xìngqù.

张东明： 那 你 现在 在 忙 什么?
Nà nǐ xiànzài zài máng shénme?

金英美： 我 要 参加 一 个 汉语 演讲 比赛， 正在 准备 演讲 稿。
Wǒ yào cānjiā yí ge Hànyǔ yǎnjiǎng bǐsài, zhèngzài zhǔnbèi yǎnjiǎng gǎo.

张东明： 你 汉语 说 得 已经 够 好 的 了，还 需要 准备 吗?
Nǐ Hànyǔ shuō de yǐjing gòu hǎo de le, hái xūyào zhǔnbèi ma?

金英美： 不 行， 还 差 得 远 呢。
Bù xíng, hái chà de yuǎn ne.

张东明： 你 的 演讲 稿 准备 得 怎么样 了?
Nǐ de yǎnjiǎng gǎo zhǔnbèi de zěnmeyàng le?

金英美： 都 写 完 了。 内容 也 都 背 得 差不多 了。
Dōu xiě wán le. Nèiróng yě dōu bèi de chàbuduō le.

张东明： 你 试 讲 一下， 我 帮 你 听听。
Nǐ shì jiǎng yíxià, wǒ bāng nǐ tīngting.

（张东明 听 完 后）
（Zhāng Dōngmíng tīng wán hòu）

张东明： 真 是 棒 极了， 内容 好， 发音 也 很 标准。
Zhēn shì bàng jíle, nèiróng hǎo, fāyīn yě hěn biāozhǔn.

金英美： 动作 和 表情 怎么样?
Dòngzuò hé biǎoqíng zěnmeyàng?

张东明： 表情 挺 自然 的，再 加 点儿 动作 就 更 好 了。
Biǎoqíng tǐng zìran de, zài jiā diǎnr dòngzuò jiù gèng hǎo le.

短文 단문

今天 学校 开 运动会， 英美 没 去 参加，她 在 准备 汉语 演
Jīntiān xuéxiào kāi yùndònghuì, Yīngměi méi qù cānjiā, tā zài zhǔnbèi Hànyǔ yǎn

讲 比赛。 东明 觉得 英美 的 汉语 已经 说 得 很 流利，发音 也 很
jiǎng bǐsài. Dōngmíng juéde Yīngměi de Hànyǔ yǐjīng shuō de hěn liúlì, fāyīn yě hěn

标准 了，但是 英美 觉得 自己 讲 得 还 不 够 好。 英美 请 东明
biāozhǔn le, dànshì Yīngměi juéde zìjǐ jiǎng de hái bú gòu hǎo. Yīngměi qǐng Dōngmíng

帮 她 看 一 看。 东明 觉得 内容 很 好，只要 再 练习 练习 就
bāng tā kàn yi kàn. Dōngmíng juéde nèiróng hěn hǎo, zhǐyào zài liànxí liànxí jiù

行 了。
xíng le.

语言点注释 어법 설명

1. 因为……所以……

인과관계를 나타낸다. 앞 문장은 원인이나 전제를, 뒷 문장은 결과나 판단을 서술하는 문장이다.

예: 因为今天学校开运动会，所以不用上课。

金英美因为感冒，所以没去听演唱会。

2. 전치사 '对'

동작 행위의 대상과 목표를 끌어내는 전치사 '对'는 '서로 대해주다' 라는 의미를 갖는다.

예: 我从小就对运动不感兴趣。

她对汉语很感兴趣。

3. 정도보어(2)

'极了', '死了(sǐle)', '坏了(huàile)' 등은 보어로 쓰인다면 정도가 매우 높은 것을 나타낸다. 이러한 보어들의 앞에 '得'를 쓰지 않다.

예: 你的发音真是棒极了!

中午我没吃饭，现在饿死了。

练习 연습

一. 替换练习 교체연습

1. 我　对　运动　不感兴趣。
   她　　音乐　很感兴趣
   老师　　中国文化　特别感兴趣
   晚睡　　身体　非常不好

2. 你的发音　好　极了。
   照片拍得　棒
   爱宝乐园　好玩
   沙发坐起来　舒服

3. 因为　学校开运动会，　所以　不用上课。
   没有预约　　我等了很久
   要准备演讲稿　　我不能参加运动会
   经理让我接待客户　　我不能去了

补充生词 보충단어

文化	wénhuà	명	문화
非常	fēicháng	부	대단히, 아주
睡	shuì	동	잠을 자다

二. 填空 빈칸 채우기

（　差不多　标准　开　准备　参加　对　流利　）

1. 今年你们学校的运动会什么时候________？
2. 你________今天的运动会吗？
3. A：你为什么学汉语专业？
   B：因为我从小就________汉语很感兴趣。
4. A：你们俩谁的汉语说得更好？
   B：我们俩________。
5. 这次考试我________得差不多了，一定能考好。
6. 他的汉语说得很________，但是发音不太________。

三. 造句练习 문장 만들기

1. 他的字写得＿＿＿＿＿＿＿＿＿＿＿＿＿＿＿＿。（极了）
2. 走了一天的路，＿＿＿＿＿＿＿＿＿＿＿＿＿＿。（坏了）
3. 他从小就＿＿＿＿＿＿＿＿＿＿＿＿＿＿＿＿＿。（对）
4. ＿＿＿＿＿＿＿＿＿＿，所以我正在学习汉语。（因为）
5. 因为手机坏了，＿＿＿＿＿＿＿＿＿＿＿＿＿＿。（所以）
6. 今天你＿＿＿＿＿＿＿＿＿＿＿＿＿＿＿＿＿＿？（怎么）

四. 翻译 번역 연습

1. 오늘 당신은 왜 수업하러 가지 않았습니까?
2. 나는 어릴 때부터 음악에 대해 관심을 가지고 있었습니다.
3. 당신은 중국어를 이미 충분히 잘 합니다.
4. 당신의 발음은 아주 정확합니다.
5. 영미는 중국어 웅변 대회를 준비하고 있습니다.
6. 당신은 동작을 좀 더 붙이면 더욱 자연스럽습니다.

五. 情景会话

문장을 읽고 주어진 상황에 맞게 대화를 만들어 보세요.

你和朋友一起聊学校生活。你觉得大学生活很有意思，你参加了一个社团。最近，学校开运动会，还有演讲比赛。有空儿的时候，你可以看电影，玩儿游戏什么的。学校食堂很干净，饭菜也很好吃。

상황: 당신은 친구와 학교 생활에 대해서 이야기를 나눈다.

화두: 你的学校生活过得怎么样?

补充生词 보충단어

社团	shètuán	명	모임, 동아리

문화엿보기

汉语演讲比赛 중국어 말하기 대회

한국에서는 더 많은 젊은이들이 중국어를 배우도록 독려하기 위해 다양한 중국어 말하기대회를 개최하고 있다. 대회 규모가 큰 대회로는 아래 두 가지가 있다.

1. 중국교육부상 한국 중국어 말하기대회

이 대회는 서울공자아카데미(http://www.cis.or.kr)가 주관하고 중국 교육부, 주한중국대사관등이 후원하는 대회로 한국 전역의 고등학교와 대학교 및 대학원 재학생을 대상으로 하는 전국 규모의 중국어 대회로서 "汉语桥 Hànyǔqiáo 세계 중국어 대회"의 한국 대표 선발전이기도 하다. 여기에서 선발된 고등부의 3명과 대학부의 3명은 중국에서 개최되는 '汉语桥 세계 중국어 대회'의 한국 대표로 선발되어 각 국가의 대표들과 실력을 겨루게 된다. 참가 자격으로는 귀화 전력이 없는 순수 한국 국적자라야 하며 대학부는 HSK 4급 이상인자 고등학생은 3급 이상인자로 하며 또는 이에 준하는 중국어 실력을 갖춘자를 참가 자격으로 한다.

2. 대한민국 중국어 말하기 대회

이 대회는 한중학술문화교류협회(http://contest.kccea.com)가 주관하고 외교통상부, 주한중국대사관 등이 후원하는 전국 규모의 대한민국 중국어 말하기대회이다. 참가 대상은 중국 대만 홍콩 마카오 등 중화권에서의 거주 경험이 1년 미만인 대한민국 사람이어야 한다. 대회에 유치부, 초등부, 중등부, 대학부와 일반부로 나누어져 있다. 말하기시간은 유치부 및 초등부는 2분이며, 기타 부문은 3분으로 제한한다. 신청접수는 매년 3월초에 있고 결선은 4월에 있다.

第四课

我的打印机坏了

▶▶ 生词 단어

牌子	páizi	명	상표, 브랜드
打印机	dǎyìnjī	명	프린터
台	tái	양	대(기계, 차량등을 세는 양사)
大概	dàgài	부	아마, 대개
质量	zhìliàng	명	질, 품질
左右	zuǒyòu	명	가량, 내외
坏	huài	동	고장나다
		형	나쁘다
推荐	tuījiàn	동	추천하다
最	zuì	부	가장, 제일
型号	xínghào	명	모델, 사이즈
像	xiàng	동	~와(과) 같다
旧	jiù	형	낡다, 오래 되다
新	xīn	형	새롭다
款	kuǎn	명	양식
往往	wǎngwǎng	부	늘, 항상, 때때로
而且	érqiě	접	~뿐만 아니라, 또한
网站	wǎngzhàn	명	웹사이트
购物	gòuwù	동	물품을 구입하다, 물건을 사다
简单	jiǎndān	형	간단하다
教	jiāo	동	가르치다
……的话	……dehuà	조	~하다면, ~이면
一般	yìbān	형	보통이다, 일반적이다
卖	mài	동	팔다, 판매하다

▶▶ 专有名词 고유명사

王明	Wáng Míng	왕명 (사람 이름)

会话 회화

金英美：这个 牌子 的 打印机 一 台 多少 钱？
Zhège páizi de dǎyìnjī yì tái duōshao qián?

王 明：大概 五 六 百 吧。这个 牌子 的 打印机 质量 又 好，价钱 又 便宜。
Dàgài wǔ liù bǎi ba. Zhège páizi de dǎyìnjī zhìliàng yòu hǎo, jiàqián yòu piányi.

金英美：是 吗？ 你 用 过 没有？
Shì ma? Nǐ yòng guo méiyǒu?

王 明：当然， 我 现在 用 的 就是，已经 用 了 两 年 左右 了。
Dāngrán, wǒ xiànzài yòng de jiùshì, yǐjing yòng le liǎng nián zuǒyòu le.

金英美：我 的 打印机 坏 了， 正 要 买 一 台 新 的。
Wǒ de dǎyìnjī huài le, zhèng yào mǎi yì tái xīn de.

王 明：那，我 推荐 你 买 这个 牌子 的。 这个 牌子 的 打印机 最 好。
Nà, wǒ tuījiàn nǐ mǎi zhège páizi de. Zhège páizi de dǎyìnjī zuì hǎo.

金英美：你 的 打印机 型号 跟 这 台 一样 吗？
Nǐ de dǎyìnjī xínghào gēn zhè tái yíyàng ma?

王 明：一样， 我 和 丁兰 用 的 打印机 都 是 这个 型号 的。
Yíyàng, wǒ hé Dīng Lán yòng de dǎyìnjī dōu shì zhège xínghào de.

金英美：我 听说 丁兰 的 特别 贵，你 的 也 像 丁兰 的 那么 贵 吗？
Wǒ tīngshuō Dīng Lán de tèbié guì, nǐ de yě xiàng Dīng Lán de nàme guì ma?

王 明：不，她 的 比 我 的 贵 多 了， 可能 是 因为 我 比 她 晚 买 半 年。
Bù, tā de bǐ wǒ de guì duō le, kěnéng shì yīnwèi wǒ bǐ tā wǎn mǎi bàn nián.

金英美：是 啊，旧 款 往往 比 新 款 便宜 得 多。
Shì a, jiù kuǎn wǎngwǎng bǐ xīn kuǎn piányi de duō.

王　明：对，而且 我 是 在 网 上 买 的。网 上 的 价钱 比 商店 的 便宜 一百 多 块。

Duì, érqiě wǒ shì zài wǎng shang mǎi de. Wǎng shang de jià qián bǐ shāngdiàn de piányi yìbǎi duō kuài.

金英美：你 能 告诉 我 怎么 在 中国 网站 上 购物 吗？

Nǐ néng gàosu wǒ zěnme zài Zhōngguó wǎngzhàn shang gòuwù ma?

王　明：很 简单，我 来 教 你。

Hěn jiǎndān, wǒ lái jiāo nǐ.

短文 단문

金英美 的 打印机 坏了，想 买 一 台 新 的。她 请 王明
Jīn Yīngměi de dǎyìnjī huài le, xiǎng mǎi yì tái xīn de. Tā qǐng Wáng Míng

推荐 一下。王明 告诉 英美，他 现在 用 的 这个 牌子 就 不错，
tuījiàn yíxià. Wáng Míng gàosu Yīngměi, tā xiànzài yòng de zhège páizi jiù búcuò,

质量 又 好，价钱 又 便宜。网 上 买 东西 的话，一般 价钱 比
zhìliàng yòu hǎo, jiàqián yòu piányi. Wǎng shang mǎi dōngxi dehuà, yìbān jiàqián bǐ

商店 里 卖 的 便宜，所以 英美 请 王明 教 她 怎么 在 网
shāngdiàn li mài de piányi, suǒyǐ Yīngměi qǐng Wáng Míng jiāo tā zěnme zài wǎng

站 上 购物。
zhàn shang gòuwù.

语言点注释 어법 설명

1. 어림수의 표시법

1) 수량사 뒤에 '左右' 를 붙여 어림수를 표시할 수 있다.

예: 我已经用了两年左右了。

这套沙发三千左右。

2) 두 개의 인접한 숫자를 함께 나열하여, 대략적인 수를 나타낼 수 있다. 숫자는 일반적으로 작은 것에서 큰 것으로 배열한다.

예: 这个牌子的打印机一台大概五六百。

这套沙发三四千。

*주의: 숫자 '十' 앞, 뒤의 숫자와 연이어 사용하여 대략적인 수를 사용하지 않는다.

예: 一两个月(O)　九十个月 (X)

八九个人 (O)　十十一个人 (X)

2. '像……那么……' 를 사용하는 비교문

'像' 은 비교를 나타내는 경우에 '像' 앞에 정도부사 '很' , '太' 등을 사용할 수 없으며, '这么/那么' 는 반드시 비교한 내용 앞에 놓여야 한다.

A + (不)像 + B + 这么/那么 + 형용사/동사구

예: 我的　不像　英美的　那么　贵。

你　也　像　姐姐　那么　爱运动吗?

3. '比' 자문(2)

'比' 자문에서 두 가지 사물의 구체적인 차이나 대략적인 차이를 나타낼 때 술어 뒤에 수량구를 붙여 사용한다.

A + 比 + B + 형용사/동사구 + 수량구

예: 网上的价钱　比　商店的　便宜　一百多块。

我　比　他　晚买　半年。

4. '比' 자문(3)

비교한 결과의 차이가 크다는 것을 나타낼 때 '得多/多了' 를 사 용하여 훨씬 크다는 뜻을 나타낸다.

A + 比 + B + 형용사 + 得多/多了

예: 旧款 比 新款 便宜 得多。
卧室 比 书房 大 多了。

练习 연습

一. 替换练习 교체연습

1. 你的 也像 丁兰的 那么 贵 吗?

你的	也像 丁兰的	那么 贵	吗?
你的沙发	小王的	便宜	
她的表情	你的	自然	
这家食堂的菜	那家的	好吃	

2. 我比她 晚买 半年。

我比她	晚买	半年。
	多学	三个月
	多吃	两个包子
	早来	一个半小时

3. 网上的价钱 比 商店的 便宜 一百多块。

网上的价钱	比	商店的	便宜	一百多块。
她		妹妹	大	两岁
梨		苹果	贵	一块五
我们班		他们班	多	五个人

4. 旧款 比 新款 便宜 得多。

旧款	比	新款	便宜	得多。
姐姐		妹妹	高	
他的汉语		我的	流利	
老师的发音		他的	清楚	

补充生词 보충단어

岁 suì 양 살, 세

二. 填空 빈칸 채우기

（ 而且 像 大概 质量 比 推荐 ）

1. 价钱贵点儿没关系，________一定要好。
2. 他________两年没回国了。
3. 韩国哪个购物网站比较好，你能给我________一下吗?
4. 她最近睡得不好，________吃得又少，所以生病了。
5. 黄山也________雪岳山那么美吗?
6. 这支笔用起来________那支笔好用多了。

三. 造句练习 문장 만들기

보기 他的打印机是1月买的，我的打印机是6月买的。（比）

→ 我的打印机比他的晚买半年。

1. 从我家到学校坐车58分钟。（大概）

→ ______________________________。

2. 这套沙发2020块。（左右）

→ ______________________________。

3. 丁兰胖一些，金英美瘦一些。（比）

→ ______________________________。

4. 苹果一斤5块，橘子一斤3块。（比）

→ ______________________________。

5. 丁兰一米六八(168 cm)，金英美一米五八(158 cm)。(比，得多)

→ ______________________________。

6. 张东明一米七五(175 cm)，他弟弟也是一米七五(175 cm)。(和……一样)

→ ______________________________。

补充生词 보충단어

米	mǐ	양	미터

四. 翻译 번역 연습

1. 입장권 다섯 장은 대략 일 이만원 정도입니다.

2. 이 브랜드의 프린터는 가격이 저렴하면서 품질도 좋습니다.

3. 이 책을 보는 것을 추천합니다.

4. 신상품은 때때로 재고상품보다 많이 비쌉니다.

5. 그녀의 소파는 내 것 보다 훨씬 편안합니다.

6. 당신의 핸드폰도 이것과 같습니까?

五. 情景会话

문장을 읽고 주어진 상황에 맞게 대화를 만들어 보세요.

你朋友想买个新手机。你推荐他买最新款的。因为它像电脑一样可以上网，又小又方便，样子也很好看。

상황: 한 친구가 새로운 핸드폰을 사려고 당신한테 여쭤봅니다.

화두: 我想买个新手机，你给我推荐一下吧。

中国政府奖学金 중국정부장학금

중국교육부는 중국국가유학기관관리위원회에 위탁하여 관리하고 있다. 중국정부장학금은 종류가 매우 다양 하다. 아래 몇 가지 장학금을 소개한다.

중국정부장학금의 종류

1. 中国政府国别奖学金 중국정부 국별 장학금

중국교육부가 타국 정부나 기구, 학교 및 국제조직의 관련 부문과 협정하여 제공하는 전액 혹은 부분 장학금이다. 학사, 석사, 박사, 연수생 장학금이 있다. 장학금 신청은 해당국의 유학생관련 기관이나 학교 또는 중국대사관에서 신청한다.

2. 长城奖学金 중국정부 장성장학금

중국교육부가 유네스코에게 제공하는 전액 장학금이며 보통 연수생과 고급연수생에게만 해당한다. 2010년에는 25명에게 지급하였다. 장학금 신청은 해당국의 유네스코 전국위원회에 신청한다.

3. 亚洲留学奖学金 아시아 유학장학금

아시아의 학생들과 학자들을 위하는 전액장학금이며 보통 연수생과 고급연수생에게만 해당된다. 2010년에는 20명에게 지급하였다. 장학금 신청은 해당국의 중국대사관에 신청한다.

4. 优秀外国留学生奖学金 우수 외국 유학생 장학금

중국교육부가 중국에서 대학이나 대학원을 졸업하고 계속해서 상급 교육과정에 입학이 허가된 우수한 유학생이나, 현재 석사나 박사과정을 이수하고 있는 우수한 학생이 학업을 마칠 수 있도록 돕기 위해 설립한 장학금이다. 2011년에는 200명에게 지급할 여정이다. 장학금 신청은 학업 중이나 입학이 허가된 학교에 신청하고 학교가 유학기금위원회에 추천한다.

위 장학금 신청기간은 보통 매년 1월초부터 4월초까지이다. 더 많은 자료는 http://www.csc.edu.cn에서 참조하기 바란다.

第五课

请问，有空房吗？

▶▶ 生词 단어

(一)边……(一)边……	(yì)biān……(yì)biān……		~하면서 ~하다
宾馆	bīnguǎn	명	호텔
空房	kōngfáng	명	빈 방
服务员	fúwùyuán	명	종업원
单间	dānjiān	명	독방, 싱글 룸
标间	biāojiān	명	더블룸
打折	dǎzhé	동	할인하다
刚才	gāngcái	명	방금
虽然	suīrán	접	비록 ~하지만
提供	tígōng	동	제공하다, 공급하다
早餐	zǎocān	명	아침밥
自助餐	zìzhùcān	명	뷔페
交通	jiāotōng	명	교통
方便	fāngbiàn	형	편리하다
价格	jiàgé	명	가격, 값
网线	wǎngxiàn	명	(인터넷) 랜선
要不然	yàoburán		그렇지 않으면
外地	wàidì	명	외지
不但……而且……	búdàn…… érqiě……		~뿐아니라, ~도
决定	juédìng	동	결정하다
		명	결정
省	shěng	동	아끼다, 절약하다
重要	zhòngyào	형	중요하다
舒适	shūshì	형	편(안)하다

会话 회화

（丁兰 和 金英美 一边 聊天 一边 走 进 宾馆）
(Dīng Lán hé Jīn Yīngměi yìbiān liáotiān yìbiān zǒu jìn bīnguǎn)

丁兰：请问，有 空 房 吗？
Qǐngwèn, yǒu kōng fáng ma?

服务员：您 要 单间 还是 标间？
Nín yào dānjiān háishì biāojiān?

丁兰：标间 一 天 多少 钱？
Biāojiān yì tiān duōshao qián?

服务员：标间 现在 打 八 折，二百 四十 块。
Biāojiān xiànzài dǎ bā zhé, èrbǎi sìshí kuài.

（英美 对 丁兰 说）
(Yīngměi duì Dīng Lán shuō)

金英美：刚才 我们 去 的 那 家 比 这 家 便宜，一 天 二百 三十 块。
Gāngcái wǒmen qù de nà jiā bǐ zhè jiā piányi, yì tiān èrbǎi sānshí kuài.

丁兰：那 家 虽然 便宜，但是 他们 不 提供 早餐。
Nà jiā suīrán piányi, dànshì tāmen bù tígōng zǎocān.

服务员：我们 这儿 提供 早餐，早餐 是 二十 块 钱 一 位。
Wǒmen zhèr tígōng zǎocān, zǎocān shì èrshí kuài qián yí wèi.

丁兰：是 自助餐 吗？
Shì zìzhùcān ma?

服务员：是。
Shì.

金英美：那，还是 这儿 便宜。
Nà, háishi zhèr piányi.

丁兰：那 家 的 交通 也 没有 这儿 方便，我们 就 住 这儿 吧。
Nà jiā de jiāotōng yě méiyǒu zhèr fāngbiàn, wǒmen jiù zhù zhèr ba.

金英美：请问，单间 的 价格 是 多少？
Qǐngwèn, dānjiān de jiàgé shì duōshao?

服务员：单间 一百 三，有 网线。
Dānjiān yìbǎi sān, yǒu wǎngxiàn.

金英美：　你　看，　单间　也　不比　标间　贵　多少，　要不然，
Nǐ kàn, dānjiān yě bùbǐ biāojiān guì duōshao, yàoburán,
我们　要　两个　单间　怎么样？
wǒmen yào liǎng ge dānjiān zěnmeyàng?

丁　兰：　那　也　好。
Nà yě hǎo.

短文 단문

丁兰 和 金英美 在 外地 旅行。她们 走 进 一 家 宾馆 问
Dīng Lán hé Jīn Yīngměi zài wàidì lǚxíng. Tāmen zǒu jìn yì jiā bīnguǎn wèn

价格，发现 这 家 宾馆 价格 还 可以，他们 不但 提供 早餐， 而且
jiàgé, fāxiàn zhè jiā bīnguǎn jiàgé hái kěyǐ, tāmen búdàn tígōng zǎocān, érqiě

交通 也 比较 方便。 这 家 宾馆 的 单间 不比 标间 贵 多少，
jiāotōng yě bǐjiào fāngbiàn. Zhè jiā bīnguǎn de dānjiān bùbǐ biāojiān guì duōshao,

她们 决定 要 两 个 单间。 旅行 的 时候， 省 钱 很 重要， 但
tāmen juédìng yào liǎng ge dānjiān. Lǚxíng de shíhou, shěng qián hěn zhòngyào, dàn

是 有时候 舒适 更 重要！
shì yǒushíhou shūshì gèng zhòngyào!

语言点注释 어법 설명

1. 一边……一边……

구체적인 동작을 나타내는 두 동작이 동시에 진행되는 뜻을 나타낸다. '一边' 의 '一' 가 생략되어 '边……边……' 의 형태로 사용되기도 한다. 이 경우 두 가지 동작, 행위의 실행자는 동일 인물이어야 한다.

'一面……一面……' 도 같은 용법이다.

*주의: '面……面……' 의 형태로는 쓰지 않는다.

예: 丁兰和英美一边聊天一边走进宾馆。

英美喜欢一边听音乐一边做作业。

2. 虽然……但是……

전환관계를 나타낸다. '虽然' 은 앞절의 주어 앞 혹은 뒤에 놓인다. '但是' 는 뒷절의 주어 앞에 놓인다.

예: 那家虽然便宜，但是他们不提供早餐。

虽然旧款便宜，但是没有新款好。

3. '比' 의 부정형식

'比' 자문의 부정형식은 다음과 같다.

(1) A + 没有 + B …… (A는 B만큼 ~하지 않다)

예: 刚才我们去的那家没有这家便宜。

방금 우리가 갔던 집은 이 집만큼 싸지 않다.

(2) A + 不比 + B …… (A는 B보다 ~하지 않다)

예: 刚才我们去的那家不比这家便宜。

방금 우리가 갔던 집은 이 집보다 싸지 않다.

(방금 우리가 갔던 집은 이 집보다 가격이 비싸거나 같다.)

4. 不但……而且……

점층관계를 나타낸다. 앞 뒷절의 주어가 서로 같으면, '不但' 은 주어 뒤에 놓인다. 만약 두 주어가 다르면, '不但' 은 주어 앞에 놓인다.

예: 这家宾馆不但提供早餐，而且交通也比较方便。

不但我用这个型号的打印机，而且丁兰也用。

练习 연습

一. 替换练习 교체연습

1. 那家的交通　没有　这儿　方便。
   妹妹　　　　　　　姐姐　高
   今天来的人　　　　昨天　多
   我的汉语　　　　　英美的　好

2. 单间　不比　标间　贵　多少。
   妹妹　　　　姐姐　高
   今天来的人　昨天　多
   我的汉语　　英美的　好

3. 虽然　便宜，　　　但是　他们不提供早餐。
   　　　汉语不容易　　　　很有意思
   　　　坐飞机很快　　　　机票太贵了
   　　　旧款没有新款好　　便宜多了

二. 填空 빈칸 채우기

（　不但　提供　打折　决定　刚才　要不然　）

1. 这个牌子的衣服常________。
2. ________有人给你打电话。
3. 这家宾馆早上________早餐。
4. 去野生动物园前，最好先预约一下，________得等好几个小时。
5. 他试了很多件衬衫，最后________买那件蓝色的。
6. 乐天世界________很好玩，而且门票也不贵。

三. 造句练习 문장 만들기

1. 她们一边喝咖啡，________________________。（一边）
2. 虽然明天要下雨，________________________。（但是）
3. ________________________，但是我想住这儿。（虽然）
4. 她不但喝过中国白酒，________________________。（而且）

아래 문장들을 비교문의 부정형식으로 바꾸십시오.

보기 这家宾馆交通很方便。那家宾馆交通不方便。

→ 那家宾馆的交通没有这家方便。

1. 我汉语说得好，他汉语说得不好。

→ ____________________________________。

2. 这件衬衫漂亮，那件衬衫不漂亮。

→ ____________________________________。

3. 我的房间大，他的房间更大。

→ ____________________________________。

四. 翻译 번역 연습

1. 싱글 룸이 필요합니까? 아니면 더블룸이 필요합니까?

2. 남방 지금 이십 퍼센트 할인합니다.

3. 이 호텔은 아침식사를 제공합니다.

4. 신상품은 재고상품보다 얼마 비싸지 않습니다.

5. 이 호텔은 저렴하지만, 교통이 불편합니다.

6. 정란과 김영미는 얘기를 나누면서 호텔에 들어갔다.

五. 情景会话

다음 상황과 주어진 자료를 근거로 대화를 만들어 보세요.

상황: 유학생 친구가 집을 임대하려고 당신과 함께 집을 보고 이야기를 나눕니다.

화두: 你能陪我一起去看房子吗?

	第一家	第二家
远近	坐车15分钟	走路5 分钟
房租	每个月 20万韩币	每个月 30万韩币
房间	两个房间	一个房间
网线	没有网线	有网线，可以上网

补充生词 **보충단어**

房租 fángzū 명 집세, 임대료

문화엿보기

宾馆用语 호텔용어

호텔 객실의 종류는 单间，标间，三人间，商务套房(shāngwù tàofáng 비즈니스형), 豪华套房(háohuá tàofáng 호화형), 总统套房(zǒngtǒng tàofáng 스위트룸)이있다.

호텔에서 사용하는 말
안내대에서:

小姐，你好，我要订房间。	안녕하세요. 방을 잡으려고 하는데요.
要交多少押金（yājīn）?	보증금은 얼마인가요?
我要靠电梯（diàntī）近的房间。	엘리베이터랑 가까운 방을 주세요.
我要加床。	보조침대를 추가로 주십시오.
有免费（miǎnfèi）早餐券（zǎocān quàn）吗?	무료 조식권이 있나요?
24小时供应热水吗?	24시간 뜨거운 물이 제공되나요?
游泳池免费吗?	수영장은 무료입니까?
应该在几点前退房（tuìfáng）?	몇 시까지 체크아웃 해야 되나요?
有发票（fāpiào）吗?	영수증이 발급 되나요?
我需要客房服务（kèfángfúwù）。	룸 서비스를 원합니다.
我要叫醒服务（jiàoxǐngfúwù）。	모닝콜 서비스를 원합니다.
我要干洗服务（gānxǐ fúwù）。	세탁 서비스를 원합니다.
辛苦了! 这是小费（xiǎofèi）。	수고했습니다. 팁입니다.

접수대 직원이 하는 상용어

您好，欢迎光临（huānyíng guānglín）我们酒店。	안녕하세요. 저희 호텔에 오신 것을 환영합니다.
请问需要什么样的房间?	어떤 방을 원하십니까?
您需要交付100元押金。	보증금은 100위엔 내셔야 됩니다.
这是您的房卡（fángkǎ）。	이것이 손님 룸 카드입니다.
您要刷卡（shuākǎ）还是付现金?	카드로 결제하시겠어요, 아니면 현금으로 결제하시겠어요?
这是发票，请您收好。	여기 영수증이 있습니다. 받으시죠.
您的房间是321号。	손님의 방은 321호입니다.
这是您的钥匙（yàoshi）。	여기 열쇠가 있습니다.
请这边走。	이쪽으로 가세요.

第六课

哪个公司的机票便宜?

▶▶ 生词 단어

订	dìng	동	예약하다, 주문하다
票务员	piàowùyuán	명	매표원
日期	rìqī	명	날짜
航空	hángkōng	명	항공
一般来说	yìbān lái shuō		일반적으로 말하면
到底	dàodǐ	부	도대체 (의문문에 쓰여 어세를 강조함)
座位	zuòwèi	명	좌석, 자리
剩下	shèngxià	동	남다, 남기다
只好	zhǐhǎo	부	어쩔 수 없이, ~할 수밖에 없다
单程	dānchéng	명	편도
往返	wǎngfǎn	동	왕복하다
护照	hùzhào	명	여권
记	jì	동	기록하다, 기재하다
抱歉	bàoqiàn	동	미안해하다, 죄송합니다
错	cuò	동	틀리다, 맞지 않다
怎么办	zěnmebàn		어찌하냐? 어쩌냐? 어떡해?
好不容易	hǎoburóngyi	부	가까스로, 겨우, 간신히
退	tuì	동	(구매한 물건 등을)반환하다
运气	yùnqi	명	운수, 운세
旅行社	lǚxíngshè	명	여행사
柜台	guìtái	명	계산대, 카운터
出示	chūshì	동	제시하다

▶▶ 专有名词 고유명사

广州	Guǎngzhōu		광주 (지명)

会话 회화

金英美：我 想 订 一 张 十 月 二十 号 去 广州 的 机票。
Wǒ xiǎng dìng yì zhāng shí yuè èrshí hào qù Guǎngzhōu de jīpiào.

票务员：日期 决定 好 了 吗？您 要 订 哪 家 航空 公司 的？
Rìqī juédìng hǎo le ma? Nín yào dìng nǎ jiā hángkōng gōngsī de?

金英美：哪 家 公司 的 机票 便宜？
Nǎ jiā gōngsī de jīpiào piányi?

票务员：一般 来 说，中航 和 韩航 的 机票 比较 便宜。
Yìbān lái shuō, Zhōngháng hé Hánháng de jīpiào bǐjiào piányi.

金英美：你 能 查到 到底 哪 家 更 便宜 吗？
Nǐ néng chádào dàodǐ nǎ jiā gèng piányi ma?

票务员：韩航 的 机票 一千 九，不过 没有 座位 了。
Hánháng de jīpiào yìqiān jiǔ, búguò méiyǒu zuòwèi le.
中航 的 两千 一，只 剩下 一 个 座位 了。
Zhōngháng de liǎngqiān yī, zhǐ shèngxià yí ge zuòwèi le.

金英美：那 只好 订 中航 的 了。
Nà zhǐhǎo dìng Zhōngháng de le.

票务员：您 要 单程 的 还是 往返 的？
Nín yào dānchéng de háishi wǎngfǎn de?

金英美：往返 的。
Wǎngfǎn de.

票务员：好。请 告诉 我 您 的 英文 名字 和 护照 号码。
Hǎo. Qǐng gàosu wǒ nín de Yīngwén míngzi hé hùzhào hàomǎ.

金英美：JIN YINGMEI GH12345。你 记 好 了 吗？
JIN YINGMEI GH12345. Nǐ jì hǎo le ma?

票务员：是 的，记下 了。等等… 真 抱歉，我 看 错 了，中航 也 没 座位 了。
Shì de, jìxià le. Děngdeng…zhēn bàoqiàn, wǒ kàn cuò le, Zhōngháng yě méi zuòwèi le.

金英美：怎么办 呢？再 帮 我 找找 看 吧！
Zěnmebàn ne? Zài bāng wǒ zhǎozhao kàn ba!

票务员：请 等 一下。啊！好不容易 找到 了 一 个 座位，有 人 退 了 一 张 票，是 韩航 的。您 运气 真 好！
Qǐng děng yíxià. À! Hǎobùróngyi zhǎodào le yí ge zuòwèi, yǒu rén tuì le yì zhāng piào, shì Hánháng de. Nín yùnqi zhēn hǎo!

* 中航：中国 航空 公司；韩航：韩国 航空 公司
Zhōngháng: Zhōngguó hángkōng gōngsī; Hánháng: Hánguó hángkōng gōngsī

短文 단문

英美 想 订 一 张 从 首尔 到 广州 的 往返 机票。
Yīngměi xiǎng dìng yì zhāng cóng Shǒu'ěr dào Guǎngzhōu de wǎngfǎn jīpiào.

中航 和 韩航 的 机票 比较 便宜。韩航 没有 座位 了，英美
Zhōngháng hé Hánháng de jīpiào bǐjiào piányi. Hánháng méiyǒu zuòwèi le, Yīngměi

只好 订 中航 的 票。不过 正好 有 人 退 票，她 又 买到 了
zhǐhǎo dìng Zhōngháng de piào. Búguò zhènghǎo yǒu rén tuì piào, tā yòu mǎidào le

韩航 的 票。这 张 票 是 电子 机票，英美 只要 在 出国 那 天
Hánháng de piào. Zhè zhāng piào shì diànzǐ jīpiào, Yīngměi zhǐyào zài chūguó nà tiān

到 航空 公司 柜台 出示 护照 就 可以 了。
dào hángkōng gōngsī guìtái chūshì hùzhào jiù kěyǐ le.

语言点注释 어법 설명

1. 到底

'도대체' 라는 의미다. 의문문에 쓰여 적극적으로 추궁하는 의미를 가진다. 동사, 형용사 혹은 주어 앞에 쓰인다. 주어가 의문대명사인 경우 '到底' 는 주어 앞에만 쓴다.

예: 到底哪家更便宜呢?

到底哪个牌子的打印机好呢?

2. 결과보어(2) '好', '下', '错', '到'

중국어의 동사 뒤에 다른 동사 혹은 형용사가 더하여 동작 행위의 결과를 보충 설명하는 보어를 결과보어라고 한다. 동사와 결과보어 사이에 다른 성분이 올 수 없다.

'好' 가 결과보어로 쓰여 동작이 마무리 되었거나 만족스러운 정도에 이르렀음을 나타내며, 때로는 '정하다' 라는 의미로도 쓰인다.

예: 日期决定好了吗?

'下' 가 결과보어로 쓰일 때 동작의 완성이나 결과, 또는 그 결과가 고정된 느낌을 나타낸다.

예: 记下了。

'错' 가 결과보어로 될 때는 틀리다는 뜻을 나타낸다.

예: 买错票了。

'到' 가 결과보어로 쓰여 시점이나 장소에 도달하거나 결과나 목적에 이르렀음 나타낸다.

예: 一直住到现在。

买到票了。

3. 好不容易

'好不容易' 는 '겨우, 가까스로, 간신히' 라는 의미다.

예: 好不容易找到了一个座位。

好不容易收拾干净了。

练习 연습

一. 替换练习 교체연습

1. 你 记下 了吗？
   看见
   听错
   做完

2. 好不容易 找到了一个座位。
   做好了作业
   买到了这本书
   记住了这个生词

3. 一般来说， 中航和韩航的机票比较便宜。
   北方人比南方人高
   女孩子都喜欢逛街
   我们老板每天都来公司

补充生词 보충단어

看见	kànjiàn	동	보다, 보이다

二. 填空 빈칸 채우기

（ 到底　抱歉　只　只好　订　剩下 ）

1. 银行已经关门了，我________明天再来了。
2. 明天的演唱会你________去还是不去？
3. 离考试还________几天？
4. 真________，下午两点的火车没有座位了。
5. 从我家到学校________要走五分钟就到了。
6. 你知道怎么在网上________火车票吗？

三. 造句练习 문장 만들기

1. 那个电影很好看，票很难买，________________。(好不容易)
2. 雨下得太大了，________________。(好不容易)

3. 这件衣服不错，那件也不错，______________________？（到底）
4. 明天我们去爬山，__________________________？（到底）
5. 蓝色的衬衫都卖完了，______________________。（只好）
6. 因为外面在下雨，英美__________________________。（只好）

四. 翻译 번역 연습

1. 한국 항공의 항공권 요금이 비교적 저렴합니다.

2. 좌석이 하나만 남았습니다.

3. 편도를 예약하실 겁니까? 아니면 왕복을 예약하실 겁니까?

4. 저에게 당신의 여권번호를 알려주세요.

5. 저는 사람을 잘못 봤습니다.

6. 저는 5월 10일 제주도에 가는 비행기표를 예약하려고 합니다.

五. 情景会话

지문을 읽고 주어진 상황에 맞게 대화를 만들어 보세요.

后天是你的生日。你想请六、七位朋友一起吃饭，所以你给饭店打电话预定座位。你要一个包间。时间是后天晚上 7 点。饭店请你留下电话号码和姓名。

상황: 당신은 생일파티를 하려고 예약합니다.

화두: 你好！北京饭店。很高兴为您服务！

补充生词 보충단어

包间	bāojiān	명	(음식점이나 유흥업소에서) 독방

문화엿보기

飞机票 & 在机场 비행기표 예약 & 공항에서

1. 항공권 구입 시 쓰는 상용어

您好，请问是○○航空公司售票热线 (rèxiàn) 吗? 안녕하세요. ○○항공사 매표소인가요?

请问是单程还是往返? 편도를 원하시나요? 왕복을 원하시나요?

请问您需要哪天的航班? 몇 일 항공편을 원하시나요?

您要几点的航班 (hángbān)? 몇 시 항공편을 원하시나요?

请问您需要经济舱 (jīngjìcāng) 还是商务舱 (shāngwùcāng)?

이코노미 좌석을 원하시나요, 아니면 비즈니스 좌석을 원하시나요?

您需要预订 (yùdìng)到达目的地 (mùdìdì)后的酒店吗?

목적지의 호텔도 예약 하실 건가요?

2. 공항에서 사용하는 상용어

您需要办理行李托运(tuōyùn)吗? 화물로 탁송할 겁니까?

对不起，您的行李超重，需要另外支付100元。

죄송합니다만 짐의 무게가 초과되었습니다. 100위엔의 추가 요금을 내셔야 됩니다.

您好，请出示护照和健康检疫证 (jiànkāng jiǎnyìzhèng) 。

안녕하세요. 여권과 건강 검역증을 제시해 주십시오. (출입국 검역국에서 발급하는 健康证)

各位旅客请注意，您所乘坐的123次航班正在请旅客们登机 (dēngjī), 请您带好随身行李，在12号登机口检票登机。

승객 여러분! 123편 비행기의 탑승이 진행 중이오니 짐을 가지고 12번 탑승구에서 검표 후 탑승하여 주시기 바랍니다.

第七课

有靠窗的座位吗？

▶▶ 生词 단어

工作人员	gōngzuò rényuán	명	직원
靠	kào	동	닿다, 접근하다; 기대다
窗	chuāng	명	창, 창문
行李	xíngli	명	짐, 여행짐
超重	chāozhòng	동	중량을 초과하다
拿	ná	동	(손에)쥐다, (손으로)잡다
手提	shǒutí	동	손에 들다
登机口	dēngjīkǒu	명	탑승게이트
登机	dēngjī	동	비행기에 탑승하다
海关	hǎiguān	명	세관
将	jiāng	전치	~을, ~를(목적어를 동사 앞에 전치시키며 주로 서면어에 쓰임)
鞋	xié	명	신발, 구두
脱下	tuōxià	동	벗다
放	fàng	동	놓아두다, 맡겨 두다
盒子	hézi	명	작은 상자, 합
张开	zhāngkāi	동	벌리다, 펼치다
双臂	shuāng bì	명	두 팔
打开	dǎkāi	동	열다, 풀다
包	bāo	명	가방
瓶	píng	양	병
入境登记卡	rùjìng dēngjì kǎ	명	입국신고서
除了……以外	chúle……yǐwài		~을/를 제외하고는, ~이외에는
填	tián	동	기입하다, 채우다
方式	fāngshì	명	방식, 방법
看见	kànjiàn	동	보다, 보이다
通过	tōngguò	동	통과하다, 지나가다

▶▶ 专有名词 고유명사

深圳	Shēnzhèn	심천 (지명)

会话 회화

(在 机场 航空 公司 柜台 前)
(Zài jīchǎng hángkōng gōngsī guìtái qián)

工作人员1: 请出示您的护照。
Qǐng chūshì nín de hùzhào.
金英美: 有靠窗的座位吗?
Yǒu kào chuāng de zuòwèi ma?
工作人员1: 我看看，对不起，没有靠窗的座位了。
Wǒ kànkan, duìbuqǐ, méiyǒu kào chuāng de zuòwèi le.
金英美: 没关系。
Méi guānxi.
工作人员1: 您一共有几件行李?
Nín yígòng yǒu jǐ jiàn xíngli?
金英美: 两件。
Liǎng jiàn.
工作人员1: 您的行李超重了。
Nín de xíngli chāozhòng le.
金英美: 我可不可以拿出一些东西来手提?
Wǒ kě bu kěyǐ ná chū yìxiē dōngxi lái shǒutí?
工作人员1: 可以……两点在42号登机口登机。
Kěyǐ …… Liǎng diǎn zài sìshí'èr hào dēngjīkǒu dēngjī.
金英美: 谢谢!
Xièxie !

(进海关)
(Jìn hǎiguān)

工作人员2: 请将鞋脱下放在盒子里。
Qǐng jiāng xié tuōxià fàng zài hézi li.
金英美: 好。
Hǎo.
工作人员2: 请张开双臂。……请打开您的包。……
Qǐng zhāngkāi shuāng bì. …… Qǐng dǎkāi nín de bāo. ……
对不起，这瓶水不能带上飞机。
Duìbuqǐ, zhè píng shuǐ bù néng dài shàng fēijī.

(在广州机场)
(Zài Guǎngzhōu jīchǎng)

工作人员3：　小姐，　请　出示　您　的　护照　和　入境　登记　卡。
Xiǎojiě, qǐng chūshì nín de hùzhào hé rùjìng dēngjì kǎ.

金 英 美：　都　在　这儿。
Dōu zài zhèr.

工作人员3：　除了　广州　以外，您 还　要　到　别的　地方　去　吗？
Chúle Guǎngzhōu yǐwài, nín hái yào dào biéde dìfang qù ma?

金 英 美：　我　还　要　去　深圳。
Wǒ hái yào qù Shēnzhèn.

工作人员3：　请　填　一下　您 的　联系　方式。
Qǐng tián yíxià nín de liánxì fāngshì.

……

金 英 美：　从　这儿　出去　后，到　哪儿 去 拿　行李？
Cóng zhèr chūqù hòu, dào nǎr qù ná xínglǐ?

工作人员3：　您　走 下去　就　看见　了。
Nín zǒu xiàqù jiù kànjiàn le.

短文 단문

金英美　今天　出国。在　航空　公司　柜台　前，工作　人员　请　她
Jīn Yīngměi jīntiān chūguó. Zài hángkōng gōngsī guìtái qián, gōngzuò rényuán qǐng tā

出示　护照。她　想　要　一　个　靠　窗　的　座位，但是　没有　了。英美
chūshì hùzhào. Tā xiǎng yào yí ge kào chuāng de zuòwèi, dànshì méiyǒu le. Yīngměi

的　行李　超重　了，她　决定　拿　出　一些　东西　来　手提。到　了　广州，
de xínglǐ chāozhòng le, tā juédìng ná chū yìxiē dōngxi lái shǒutí. Dào le Guǎngzhōu,

她　在　入境　卡　上　填　好　联系　方式　后，就　顺利　通过　了　海关。
tā zài rùjìng kǎ shang tián hǎo liánxì fāngshì hòu, jiù shùnlì tōngguò le hǎiguān.

语言点注释 어법 설명

1. 복합방향보어

'上, 下, 进, 出, 回, 过, 起' 등 7개의 단순 방향보어가 '来' 나 '去' 와 결합한 후 다른 동사의 보어가 되어 동작, 행위의 방향을 나타내는데 이러한 보어를 복합방향보어라고 한다.

	上	下	进	出	回	过	起
来	上来	下来	进来	出来	回来	过来	起来
去	上去	下去	进去	出去	回去	过去	

동사가 사물을 나타내는 목적어를 가질 때, 목적어는 복합방향보어의 중간, 또는 뒤에 놓일 수 있다.

동사+上(下……)+来／去+사물목적어

예: 他从包里 拿 出 来 一些东西。

동사+上(下……) +사물목적어+来／去

예: 我可不可以 拿 出 一些东西 来 手提。

2. 除了……以外

'~을 제외하고' 라는 뜻이다. '除了' 와 '以外' 의 사이에 명사, 대명사, 형용사, 형용사구, 동사, 동사구 등을 넣을 수 있다. 일반적으로 뒤에 부사 '还, 也, 都' 등을 수반한다.

예: 除了广州以外, 您还要到别的地方去吗?

除了唱歌以外, 你还喜欢做什么?

练习 연습

一. 替换练习 교체연습

1. 请将 鞋 脱下 放在盒子里。
   外衣 脱下
   手机 拿出来
   电脑 拿出来

2. 走下去 就看见了。
   走出去
   开过去
   站起来

3. 除了 广州 以外， 您还 要到别的地方去吗?
   音乐 有什么爱好
   外衣 要买什么东西
   运动 常做什么

补充生词 보충단어

外衣	wàiyī	명	겉옷, 코트
站	zhàn	동	서다

二. 填空 빈칸 채우기

（ 填 超重 打开 登机 靠 出示 ）

1. 他的行李特别多，________了。
2. 进出图书馆，请________你的学生证。
3. 我们的飞机几点开始________?
4. 请将书________，翻到第26页。
5. 请在这儿________一下您的姓名和联系电话。
6. 每次订火车票的时候，她都要________窗的座位。

补充生词 보충단어

翻	fān	동	펴다

三. 造句练习 문장 만들기

1. ____________，您还要买别的东西吗？（除了……以外）
2. ____________，我也想去逛街。（除了……以外）
3. 除了单间以外，____________。（也）
4. 除了他以外，____________。（都）

복합방향보어를 사용하여 문장을 만드세요.

보기 (他在楼上→他在楼下)

→他走下去了。（동사+下去）

5. (他在教室里→他在教室外)

→____________。（동사+出去）

6. (他在那边→他在这边)

→____________。（동사+过来）

四. 翻译 번역 연습

1. 창문 쪽 좌석이 있습니까?
2. 여권과 입국신고서를 제시해주십시오.
3. 당신은 짐이 모두 몇 개입니까?
4. 신발을 벗은 후 상자 안에 넣으세요.
5. 이 물건은 비행기에 가지고 들어갈 수 없습니다.
6. 저는 广州 이외에도 深圳에 갈 것입니다.

五. 情景会话

문장을 읽고 주어진 상황에 맞게 대화를 만들어 보세요.

你要住宾馆。宾馆的服务员请你出示护照，然后他请你填姓名、护照号码和电话号码。你要先给５００元的押金。退房的时候押金会还给你。

상황: 당신은 교통이 편리하고 가격도 저렴한 호텔을 찾았다. 호텔종업원과 호텔 투숙 수속을 하고 있는 중이다.

화두: 您好，欢迎光临! 您要住店吗?

문화엿보기

在飞机上 비행기 탑승

“女士们, 先生们: 我们的飞机马上就要起飞 (qǐfēi) 了, 飞机在跑道滑行 (huáxíng) 期间, 为了您和身边旅客的安全, 请再次确认您的安全带 (ānquándài) 是否系 (jì) 好, 谢谢!
신사 숙녀 여러분! 우리가 탄 여객기가 곧 이륙할 것입니다. 비행기가 활주로를 달리는 동안 자신과 다른 승객들의 안전을 위해 안전벨트를 잘 채웠는지 각자 다시 한 번 확인해 주십시오. 감사합니다.” 라고 기내방송을 한 후 비행기는 이륙을 한다.

상용어
请您将椅背竖直(shùzhí). 의자 등받이를 세워 주세요.
您好, 这是我们为您准备的午餐, 请问您需要果汁(guǒzhī)还是咖啡?
안녕하세요. 이것이 저희가 여러분들을 위해 준비한 점심식사입니다. 쥬스나 커피 중 어느 것으로 하실 건가요?
请慢慢享用。천천히 맛있게 드세요.
请再给我一杯咖啡, 谢谢! 커피 한 잔 더 주세요. 감사합니다!
您用餐完毕了吗? 식사 다 하셨습니까?
现在飞机遇到乱流(luànliú), 请旅客们回到座位上坐好, 将您的安全带系好。
현재 당 비행기는 난기류를 통과하고 있으니 승객 여러분은 자리로 돌아가 앉으시고 안전벨트를 매어주시기 바랍니다.
“女士们, 先生们, 再过二十分钟我们就要降落(jiàngluò)了。现在当地的气温(qìwēn)是摄氏(shèshì)20度, 天气晴朗(qínglǎng)。祝您旅途愉快!
신사 숙녀 여러분! 20분 후에는 하강을 하게 됩니다, 현재 목적지의 기온은 20℃ 이며 날씨는 맑습니다. 즐거운 여행이 되시기 바랍니다.

第八课

今天王老师结婚

▶▶ 生词 단어

结婚	jiéhūn	동	결혼하다
喜酒	xǐjiǔ	명	결혼 축하주, 결혼 축하연
班	bān	명	반
婚礼	hūnlǐ	명	결혼식
酒店	jiǔdiàn	명	호텔, 고급 식당
才	cái	부	겨우, 비로소, ~서야 비로소
多	duō	부	얼마나 (의문문에 쓰여 정도를 나타냄)
来	lái	조	수사나 수량사 뒤에 쓰여 대체적인 어림수를 나타냄
岁	suì	양	살, 세
都	dōu	부	이미, 벌써
不是……而是……	búshì……érshì……		~가 아니라 ~이다
对象	duìxiàng	명	(연애, 결혼의) 상대, 대상
挑剔	tiāotì	동	지나치게 트집 잡다
眼光	yǎnguāng	명	안목, 식견
低	dī	형	낮다
缘分	yuánfèn	명	연분, 인연
婚姻	hūnyīn	명	혼인, 결혼
可	kě	부	강조를 나타냄
人生	rénshēng	명	인생
笑	xiào	동	웃다, 비웃다
劝	quàn	동	권하다, 권고하다
慎重	shènzhòng	형	신중하다

会话 회화

王　明：今天王老师结婚，你晚上不去喝喜酒吗？
Jīntiān Wáng lǎoshī jiéhūn, nǐ wǎnshang bú qù hē xǐjiǔ ma?

金英美：去，我们全班同学都去。
Qù, wǒmen quán bān tóngxué dōu qù.

王　明：你们几点去？
Nǐmen jǐ diǎn qù?

金英美：五点半。
Wǔ diǎn bàn.

王　明：婚礼几点开始？
Hūnlǐ jǐ diǎn kāishǐ?

金英美：六点。时间快到了，我们走吧。
Liù diǎn. Shíjiān kuài dào le, wǒmen zǒu ba.

（在去酒店的路上）
（Zài qù jiǔdiàn de lù shang）

金英美：小李也要结婚了，你知道吗？
Xiǎo Lǐ yě yào jiéhūn le, nǐ zhīdào ma?

王　明：什么？他才多大就要结婚了？不是才二十来岁吗？
Shénme? Tā cái duō dà jiù yào jiéhūn le? Bú shì cái èrshí lái suì ma?

金英美：谁像你，都三十好几了，还没结婚！
Shuí xiàng nǐ, dōu sānshí hǎo jǐ le, hái méi jiéhūn!

王　明：我不是不想结婚，而是没有找到合适的对象。你看，王老师快四十岁了，不也是现在才结婚吗？
Wǒ bú shì bù xiǎng jiéhūn, ér shì méiyǒu zhǎodào héshì de duìxiàng. Nǐ kàn, Wáng lǎoshī kuài sìshí suì le, bù yě shì xiànzài cái jiéhūn ma?

金英美：好了，别太挑剔了。眼光放低一点儿吧。
Hǎo le, bié tài tiāotì le. Yǎnguāng fàng dī yìdiǎnr ba.

王　明：我不是眼光高，而是缘分没到。
Wǒ bú shì yǎnguāng gāo, ér shì yuánfèn méi dào.

金英美：丁兰不是给你介绍过对象吗？
Dīng Lán bú shì gěi nǐ jièshào guo duìxiàng ma?

王　明:　人　还 不错，但 也　不　能　才　认识　就　结婚　吧。
Rén hái búcuò, dàn yě bù néng cái rènshi jiù jiéhūn ba.

金英美:　你 说 得 也 对。婚姻 可 是 人生　大 事 啊。
Nǐ shuō de yě duì. Hūnyīn kě shì rénshēng dà shì a.

短文 단문

今天 王 老师 结婚，他 的 学生 都 要 去 喝 老师 的 喜酒。
Jīntiān Wáng lǎoshī jiéhūn, tā de xuésheng dōu yào qù hē lǎoshī de xǐjiǔ.

金英美 笑 王明，都 三十 好 几 了 还 不 结婚。王明 说，
Jīn Yīngměi xiào Wáng Míng, dōu sānshí hǎo jǐ le hái bù jiéhūn. Wáng Míng shuō,

他 不是 不 想 结婚，而是 没有 找到 合适 的 对象。英美 劝
tā búshì bù xiǎng jiéhūn, érshì méiyǒu zhǎodào héshì de duìxiàng. Yīngměi quàn

王明 眼光 放 低 一点儿，王明 觉得 缘分 很 重要。婚
Wáng Míng yǎnguāng fàng dī yìdiǎnr, Wáng Míng juéde yuánfèn hěn zhòngyào. Hūn

姻 是 人生 大事，一定 要 慎重 一点儿。
yīn shì rénshēng dàshì, yídìng yào shènzhòng yìdiǎnr.

语言点注释 어법 설명

1. '才' 와 '就'

'才' 와 '就' 는 동사나 형용사를 수식하며 주어 뒤에 놓여 부사어로 쓰인다. 시간이 이르거나 늦음, 혹은 나이나 수량의 많음과 적음을 평가함에 있어, 모두 주관성을 나타내는 의미가 있다.

'才' 는 '才1' 과 '才2' 로 나눌 수 있다.

'才1' 은 일의 발생이 느리거나 진행이 순조롭지 못함을 나타낸다.

예: 婚礼六点开始，我们六点十分才到。

今天的作业很多，我做了一个小时才做完。

'才2' 는 동작이 일찍 발생을 하였거나, 시간의 짧음을 나타낸다. 항상 수량어구 뒤에 사용한다.

예: 婚礼六点开始，我们才五点半就到了。

今天的作业不太多，我才花了十分钟就做完了。

부사 '就' 는 일반적으로 상황의 발생이 빠르거나 혹은 진행이 순조로움을 나타내며, '才2' 와 같이 쓸 수있다.

예: 他才多大就要结婚了?

才五点半我们就到了。

2. 都……了

시간적으로 늦거나 수량이 많을 때 수량어구 앞에 '都' 를 사용한다.

예: 都三十好几了，还没结婚。

都学了两年了，还不太会说汉语。

3. 不是……而是……

대조 비교 관계를 나타낸다. 앞 절을 부정하고 뒷 절을 긍정한다.

예: 我不是不想结婚，而是没有找到合适的对象。

他不是不想翻译，而是不会翻译。

练习 연습

一. 替换练习 교체연습

1. 才 多大 就 要结婚 了？
   几点 要吃晚饭
   来几天 要走
   玩了多长时间 不想玩

2. 都 三十好几 了， 还 没结婚。
   两岁半 不会走路
   喝了两瓶 要再喝一瓶
   去过一次 想去

3. 我 不是 不想结婚， 而是 没有找到合适的对象。
   我 不想去 没时间去
   我想吃的 日本菜 中国菜
   我们 初中认识的 小学认识的

补充生词 보충단어

初中	chūzhōng	명	중학교
小学	xiǎoxué	명	초등학교

二. 填空 빈칸 채우기

（ 慎重 喝 就 都 才 才 眼光 ）

1. 小张，听说你有女朋友了，什么时候________你的喜酒啊？
2. 英美劝王明，找女朋友________不要太高了。
3. 交朋友一定要________。
4. 这孩子________三岁，________认识100个汉字了。
5. 你怎么常常晚上十一点________回来？
6. ________晚上十一点了，他怎么还没回来？

补充生词 보충단어

交	jiāo	동	사귀다, 교제하다

三. 造句练习 문장 만들기

1. 他来中国才三个月，________________。（就）
2. ________________，他就下班了。（才）
3. 这次出差我不是去广州，________________。（而是）
4. ________________，而是在网上买的。（不是）
5. 王明都去过那儿两次了，________________。（还）
6. ________________，他还没来。（都……了）

四. 翻译 번역 연습

1. 그녀는 매우 안목이 있습니다.
2. 당신은 너무 까다롭게 하지 마세요.
3. 결혼식은 몇 시에 시작합니까?
4. 친구가 저에게 상대를 소개해 준 적이 있습니다.
5. 왕 선생님은 마흔 살이 다 되어서야 결혼합니다.
6. 누가 당신처럼 서른 살이 넘어서 아직 결혼을 안했을까요?

五. 情景会话

문장을 읽고 주어진 상황에 맞게 대화를 만들어 보세요.

十年后，你去参加同学的婚礼，婚礼上你和同学聊天。你已经结婚了，你的同学还没有结婚。

상황: 십년 후 결혼식에서 다른 학우와 결혼에 관한 이야기를 나눈다. 당신은 기혼이고 그 분은 미혼이다.

화두: 什么时候喝你的喜酒?

문화엿보기

中国的结婚风俗 중국의 결혼풍습

개혁 개방 이후 결혼은 애정 위주의 혼인관으로 발전했다. 결혼증명서를 발급받은 후에는 바로 합법적인 부부가 된다. 그리고 난 후 결혼 의식을 거행한다.

결혼식은 일반적으로 호텔이나 큰 식당에서 치른다. 주로 점심 전에 결혼식을 치르고 식사를 하는데 동남아와 화교들은 결혼식을 저녁에 하는 경우가 많다.

초대되어 결혼식에 참가하는 친구들은 축의금을 준비하고 결혼식 도중에 일부러 신랑 신부를 골탕 먹이거나 아이들도 신부에게 사탕(喜糖 xǐtáng)을 달라고 조르면서 결혼식 분위기를 더욱 떠들썩하게 만든다. 이는 신랑과 신부의 결합이 쉽지 않으며 결혼생활이 뜨겁고 아름답기를 바라는 의미를 담고 있다. 이는 중국 전통 혼례풍속 중의 '闹洞房(nào dòngfáng)' 에서 유래되어 온 것이다. 신랑 신부는 손님들에게 축하주를 따르고 축하담배를 (喜烟 xǐyān) 의 불을 붙이며, 참석한 사람들은 모두 신랑 신부에게 술을 권하는 등 기쁨이 흘러넘치고 대단히 떠들썩하다. 결혼당일의 들러리는 신랑 신부의 친한 친구가 맡는다.

결혼식에 신랑은 양복을 입으며, 신부는 서양식 웨딩드레스를 입고 결혼식을 치르고 다음 치파오(旗袍 qípáo)을 갈아입는다. 중국에서 붉은 색은 가장 길하고 상서로운 색깔이다. 집 창문이나 대문에 결혼식장에도 쌍희 '囍(xǐ)' 자를 쓴 붉은 색 종이를 붙인다.

옛날에는 신부에게 붉은 면사포를 씌워 주고 신부가 꽃가마를 타기 전에 부채를 떨어뜨려 자신과 친정 식구들과의 이별을 나타낸다. 신부가 가마에 타면 친정식구들 중 연장자가 꽃가마를 향해 물 한 통을 뿌리는데 '출가한 딸은 뿌려버린 물(嫁jià出去的女儿, 泼pō出去的水)' 이라는 뜻이었다.

중국의 원래 결혼 풍습은 남성의 경제력에 따라 형식으로 일정의 돈을 건네주면 신부측은 그 돈을 받아 나중에 결혼식을 올리고 신혼차림을 차릴 때 받았던 돈을 쓰게 된다. 실질적으로 보면 여성의 거의 돈을 쓰지 않고 대부분 남성이 비용을 전부 지출하지만 도시의 경우엔 물가 상승으로 남성이 집을 장만하고 여성이 인테리어를 하는 경우도 점점 많아지고 있다.

第九课

你都听得懂吗?

▶▶ 生词 단어

休息室	xiūxishì	명	휴게실
哪里	nǎli		천만에, 별말씀을(겸손하게 자신에 대한 칭찬을 물리치는 말)
记得	jìde	동	기억하고 있다, 잊지 않고 있다
刚	gāng	부	막, 바로
句	jù	양	마디, 구
后来	hòulái	명	그 후, 그 다음
经常	jīngcháng	부	항상, 늘
看来	kànlái	동	보기에, 보아하니
外语	wàiyǔ	명	외국어
练	liàn	동	연습하다, 단련하다
哎呀	āiyā	감	아이, 아이고(의아하거나 불만스러운 기분을 나타냄)
吵	chǎo	형	시끄럽다, 떠들썩하다
把	bǎ	전치	~을, ~를(목적어를 동사 앞에 전치시킬 때 쓰임)
门	mén	명	문, 입구
		양	가지, 과목 (과목, 기술 등에 쓰임)
关	guān	동	닫다, 끄다
懂	dǒng	동	알다, 이해하다
马马虎虎	mǎmahūhū	형	그저 그렇다
原来	yuánlái	부	원래, 알고보니
怪不得	guàibude	부	어쩐지
不好意思	bùhǎoyìsi		난처하다
了	liǎo	동	끝나다, 완결하다
好奇	hàoqí	형	호기심을 갖다, 궁금하게 생각하다
节目	jiémù	명	프로그램, 프로
读	dú	동	읽다

会话 회화

(在 休息室 里， 王明 和 金英美 边 看 电视 边 聊天)
(Zài xiūxishì li, Wáng Míng hé Jīn Yīngměi biān kàn diànshì biān liáotiān)

王　明: 英美， 你 汉语 怎么 说 得 那么 好?
Yīngměi, nǐ Hànyǔ zěnme shuō de nàme hǎo?

金英美: 哪里 啊，还 不 行 呢。
Nǎli a, hái bù xíng ne.

王　明: 我 记得 你 刚 来 中国 的 时候，一 句 汉语 也 不 会 说。
Wǒ jìde nǐ gāng lái Zhōngguó de shíhou, yí jù Hànyǔ yě bú huì shuō.

金英美: 是 啊， 后来 我 经常 一边 看 电视，一边 查 词典。
Shì a, hòulái wǒ jīngcháng yìbiān kàn diànshì, yìbiān chá cídiǎn.

王　明: 看来， 学 外语 就 得 多 听、 多 练。你 学 了 多长 时间 汉语 了?
Kànlái, xué wàiyǔ jiù děi duō tīng、duō liàn. Nǐ xué le duōcháng shíjiān Hànyǔ le?

金英美: 学 了 一 年 半 了。哎呀， 外面 太 吵 了， 我们 把 门 关 上 吧。
Xué le yì nián bàn le. Āiyā, wàimiàn tài chǎo le, wǒmen bǎ mén guān shàng ba.

王　明: 好。 你 现在 电视 都 看 得 懂 了 吗?
Hǎo. Nǐ xiànzài diànshì dōu kàn de dǒng le ma?

金英美: 马马虎虎。
Mǎmahūhū.

王　明: 你 一 天 看 多 长 时间 的 电视?
Nǐ yì tiān kàn duō cháng shíjiān de diànshì?

金英美: 两 个 小时 左右。
Liǎng ge xiǎoshí zuǒyòu.

王　明：　原来　是　这样　啊，怪不得　你　说　得　这么　好。
Yuánlái shì zhèyàng a, guàibude nǐ shuō de zhème hǎo.
刚才　电视　上　说　的，你　都　听得　懂　吗？
Gāngcái diànshì shang shuō de, nǐ dōu tīng de dǒng ma?

金英美：　差不多　都　听　得　懂。
Chàbuduō dōu tīng de dǒng.

王　明：　现在　他　在　说　什么？　你　能　翻译　一下　吗？
Xiànzài tā zài shuō shénme? Nǐ néng fānyì yíxià ma?

金英美：　不好意思，这个　太　难　了，我　翻译　不　了。
Bùhǎoyìsi, zhège tài nán le, wǒ fānyì bù liǎo.

短文 단문

王明 和 金英美 在 聊天。他 很 好奇 英美 的 汉语 怎么
Wáng Míng hé Jīn Yīngměi zài liáotiān. Tā hěn hàoqí Yīngměi de Hànyǔ zěnme

说 得 那么 好。英美 告诉 他，刚 到 中国 时，她 一 句 汉语 也
shuō de nàme hǎo. Yīngměi gàosu tā, gāng dào Zhōngguó shí, tā yí jù Hànyǔ yě

不 会 说，后来 她 经常 边 看 电视 边 查 词典，现在 电视 大概
bú huì shuō, hòulái tā jīngcháng biān kàn diànshì biān chá cídiǎn, xiànzài diànshì dàgài

都 能 看 得 懂 了。英美 觉得 要 学 好 一 门 外语，就 得 多
dōu néng kàn de dǒng le. Yīngměi juéde yào xué hǎo yì mén wàiyǔ, jiù děi duō

听、多 说、多 读 和 多 写。
tīng、duō shuō、duō dú hé duō xiě.

语言点注释 어법 설명

1. 시량보어

시간을 나타내는 보어를 시량보어라고 한다. 시량보어는 동사 뒤에 쓰여 동작이나 상태가 지속한 시간의 길이를 설명하는데 쓰인다. 시량보어를 가지는 동사는 일반적으로 지속성을 가지고 있는 동사다.

예: 我每天看两个小时的电视。

从首尔到北京要坐两个小时的飞机。

어기조사 '了' 의 유무에 따라 동작행위의 지속시간이 달라진다. 다음의 두 가지 형태가 있다.

동사 + 了 + 시량보어 + (목적어)

예: 学 了 一年半 （汉语）。

(과거의 어느 시간에 중국어를 1년 반 간 배웠다는 의미이다.)

동사 + 了 + 시량보어 + (목적어) + 了

예: 学 了 一年半 （汉语） 了。

(현재 시간을 기준으로 1년 반 중국어를 배웠다는 의미이다.)

2. '把' 자문(1)

중국어의 기본 문장에서는 목적어가 동사의 뒤에 오지만, 동작이 어떤 사물을 어떻게 처치했는지와 그 처치의 결과를 강조할 때, 전치사 '把' 를 통해 동사가 지배하는 부분을 술어동사 앞에 끌어올릴 수 있다. 이러한 문형은 '把' 자문이라고 한다. '把' 자문의 동사는 일반적으로 단독으로 사용하지 않으며, 뒤에 기타성분이 와서 동작의 결과 혹은 영향을 설명한다.

주어 + 把 + 목적어 + 술어동사 + 기타성분
(처치되는 사물) (어떻게 처치했는지 혹은 처치 결과)

예: 我们 把 门 关 上 吧。

把 门 开 着。

3. 가능보어

어떤 동작을 통한 결과의 실현 가능성 여부를 표현하는 보어를 '가능보어' 라고 한다.

가능보어가 동사와 결과보어 또는 방향보어 사이에 '得' 나 '不' 를 삽입하고, 가능 혹은 불가능을 나타낸다.

가능보어(1)

동사 + 得/不 + 결과보어 / 방향보어

예: 这句话我 听 得 懂。

山太高了，我 爬 不 上去。

가능보어(2)

'得/不' 뒤에 '了' (liǎo)를 쓰면, 할 수 있는지 없는지 혹은 결과가 있는지 없는지를 나타낸다.

动词 + 得/不 + 了(liǎo)

예: 这句话太难了，我 翻译 不 了。

水果不多, 我一个人都 吃 得 了。

练习 연습

一. 替换练习 교체연습

1. 一 句汉语 也/都 不会说。
   块钱 没有
   个人 不认识
   天 不休息

2. 你 学 了多长时间 汉语 了？
   打 电话
   看 电视
   上 网

3. 把 门 关上 吧。
   书 打开
   东西 拿出来
   房间 收拾干净

4. 这个 太 难 了， 我 翻译 不了。
   这个梨 大 吃
   东西 多 拿
   时间 晚 去

二. 填空 빈칸 채우기

（ 门 刚 经常 懂 不好意思 好奇 ）

1. ________开学，王老师还不太忙。
2. 他才来韩国一个星期，对什么都很________。
3. 看电视的时候，你都听得________吗？
4. 金英美________在中国网站上购物。
5. 现在的学生最少得学两________外语。
6. ________，我来晚了。

三. 造句练习 문장 만들기

아래 문장들을 시량보어를 사용하고 다시 만드세요.

예: 他在北京住。（2000 ~ 2005年）→ 他在北京住了5年。

1. 他在这儿工作。（2003~2010年）

→ ______________________________

2. 我们上汉语课。（13：00~13:50 ）

→ ______________________________

3. 昨天我坐了火车。（14：00~15：30）

→ ______________________________

아래 문장들을 '把' 자문으로 다시 만드세요.

예: 外面很吵，关门吧。→ 外面很吵，把门关上吧。

4. 杂志在沙发上，请你拿给我。

→ ______________________________

5. 时间不早了，关电视吧。

→ ______________________________

6. 行李超重了，她拿出一些东西来手提。

→ ______________________________

四. 翻译 번역 연습

1. 당신은 어떻게 중국말을 그렇게 잘할 수 있습니까?

2. 중국에 온 후 저는 자주 TV를 보면서 사전을 찾았습니다.

3. 지금은 다 알아볼 수 있습니다.

4. 당신은 하루에 얼마동안 운동을 합니까?

5. 외국어를 배우는 것은 많이 듣고, 말하고, 읽고, 쓰는 것이 필요합니다.

6. 밖이 너무 시끄럽습니다. 우리 문을 닫읍시다!

五. 情景会话

아래 상황에 따라서 대화을 만들어 보세요.

상황: 친구A는 친구B에게 중국어를 배우는 조언을 받으려고 한다.

（什么时候, 在哪儿， 什么老师，什么书，什么方法，听了什么，看了什么…… ）

화두: 我很好奇你的汉语怎么学得那么好。

招生简章 수강생 모집

中国汉韩大学2011年春季汉语进修生招生简章

学习期限：一学期及以上
学习时间：周一至周五 每周20课时（1课时=45分钟）
开学时间：每年9月初和3月初
课程介绍：

★课程特色

- 每班30名左右
- 学期初设分班考试，课程结束后发结业证书及成绩单

★课型与学习内容

等级	学习内容
初级	学习发音、声调、基本单词、语法及句子结构；学习中国与母语国文化的差异
中级	流畅的汉语表达，日常口语表达
高级	书面汉语的理解，汉语文化的理解和应用，礼仪文化的了解

语言实践和文化活动：
组织学生免费赴历史名城进行语言教学实践；
组织唱中国歌比赛、汉语演讲比赛等语言文化活动。
申请时间：3月份入学者应在1月31日前申请；9月份入学者应在7月31日前申请
申请条件：16周岁以上，身体健康，持国外有效护照
报名时需提供：
1. 汉韩大学外国留学生入学申请表（在官方网站下载）
2. 最高学历证明
3. 注册费：350元
4. 学费：4800元 / 学期

报名办法：
1. 现场报名：到中国汉韩大学留学生办公室现场报名。
2. 邮寄报名：将申请材料及报名费寄至留学生办公室。
3. 网上报名：hanzf@hanhan.edu.cn

留学生办公室地址：中国北京市汉韩大学留学生办公室
邮编：100078
电话：86-10-6543-2100　传真：86-10-6543-9876
网址：http://www.hanhan.edu.cn/

중국한한대학 2011학년도 봄 학기 중국어연수 수강생 모집요강

학습기간: 1학기 및 그 이상
학습시간: 월요일부터 금요일까지 매주 20시간 (1교시=45분)
개학날짜: 매년 9월초와 3월초
과정 소개:

★ 과정 특색

- 한 반에 정원이 30명 정도임.
- 학기 초에 반 배정 시험을 시행하며, 모든 과정이 끝난 후에 수료증명서 및 성적표를 발부한다.

★ 강의 형태 및 학습내용

등급	내용
초급	발음, 성조, 기본단어, 어법 및 문장구조, 중국과 모국 문화의 차이
중급	유창한 중국어 회화, 일상생활 회화
고급	서면 중국어의 이해, 중국어 문화의 이해 및 응용, 예의 문화의 이해

언어실습과 문화활동:
학생 무료 역사유적답사 프로그램을 만들어 언어 실습을 진행 한다
중국노래 부르기 대회와 중국어 말하기 대회 등 언어 문화활동을 조직한다.
신청기한: 3월 입학희망자는 1월 31일전에 신청해야 하고, 9월 입학희망자는 7월 31일이 전까지 신청해야 한다.
신청조건: 16세 이상, 신체 건강하고 유효한 외국 여권을 가진 자

신청 시 제출서류:

1. 한한대학 외국유학생 입학 신청서(홈페이지에서 다운로드)
2. 최종학력증명
3. 등록비용: 350위엔
4. 학비: 4800 위엔 / 학기

입학신청 방법:

1. 현장접수: 중국 한한대학유학생사무실 현장에서 신청.
2. 우편접수: 신청 자료와 신청비용을 유학생사무실로 부친다.
3. 인터넷 접수: hanzf@hanhan.edu.cn

유학생사무실주소: 중국 북경시 한한대학 유학생사무실
우편번호: 100078
전화: 86-10-6543-2100　　　FAX: 86-10-6543-9876
홈페이지: http://www.hanhan.edu.cn/

第十课

你喜欢看什么类型的书？

▶▶ 生词 단어

入迷	rùmí	동	매혹되다, 정신이 팔리다
遍	biàn	양	번, 차례, 회
厉害	lìhai	형	대단하다
漫画	mànhuà	명	만화
版	bǎn	명	판, 인쇄판
原版	yuánbǎn	명	(서적의) 원판
原来如此	yuánláirúcǐ		원래 그런 것이었구나!
类型	lèixíng	명	유형
畅销	chàngxiāo	형	베스트 셀러
魔幻	móhuàn	형	신비하다, 환상적이다
小说	xiǎoshuō	명	소설
这样	zhèyàng	대	이렇게, 이와 같다
非常	fēicháng	부	대단히, 아주
部	bù	양	영화, 책 등의 양사로 쓰임
借	jiè	동	빌리다, 빌려주다
面试	miànshì	명	면접시험
		동	면접시험 보다
桌子	zhuōzi	명	탁자, 테이블
麻烦	máfan	동	귀찮게(번거롭게)하다
		형	귀찮다, 번거롭다
例如	lìrú	동	예를 들다, 예를 들면

▶▶ 专有名词 고유명사

《三国演义》	sānguóyǎnyì	《삼국연의》
《哈利波特》	Hālìbōtè	《해리포터》
《魔戒》	Mójiè	《반지의 제왕》

会话 회화

（在　宿舍 里）
（Zài　sùshè　li）

金英美：你 看 什么 书 看 得 那么 入迷？
Nǐ kàn shénme shū kàn de nàme rùmí?

王　明：我 在 看《三国演义》。你 听说 过 这 本 书 吗？
Wǒ zài kàn《Sānguóyǎnyì》. Nǐ tīngshuō guo zhè běn shū ma?

金英美：当然 听说 过 了，而且 还 看 了 三 遍。
Dāngrán tīngshuō guo le, érqiě hái kàn le sān biàn.

王　明：都 看 了 三 遍 了？ 真 厉害！
Dōu kàn le sān biàn le? Zhēn lìhai!

金英美：是 啊！ 不过 我 看 的 是 漫画 版，原版 我 可 看 不 懂。
Shì a! Búguò wǒ kàn de shì mànhuà bǎn, yuánbǎn wǒ kě kàn bu dǒng.

王　明：原来 如此！
Yuánlái rúcǐ!

金英美：你 喜欢 看 什么 类型 的 书？
Nǐ xǐhuan kàn shénme lèixíng de shū?

王　明：我 喜欢 看 畅销 书。你 呢？
Wǒ xǐhuan kàn chàngxiāo shū. Nǐ ne?

金英美：我 喜欢 看 魔幻 小说。
Wǒ xǐhuan kàn móhuàn xiǎoshuō.

王　明：那 你 一定 喜欢 看 像《哈利波特》、《魔戒》这样 的 书 了？
Nà nǐ yídìng xǐhuan kàn xiàng《Hālìbōtè》、《Mójiè》zhèyàng de shū le?

金英美：没 错，非常 喜欢。《哈利波特》第 一 部 我 还 看 了 两 次。
Méi cuò, fēicháng xǐhuan.《Hālìbōtè》dì yī bù wǒ hái kàn le liǎng cì.

王　明：好 不 好看？ 能 借 给 我 看看 吗？
Hǎo bu hǎokàn? Néng jiè gěi wǒ kànkan ma?

金英美: 行。明天我就拿给你。
Xíng. Míngtiān wǒ jiù ná gěi nǐ.

王　明: 明天我要去面试，来不了学校。
Míngtiān wǒ yào qù miànshì, lái bù liǎo xuéxiào.

金英美: 没关系。明天我把书放在你的桌子上。
Méi guānxi. Míngtiān wǒ bǎ shū fàng zài nǐ de zhuōzi shang.

王　明: 那就麻烦你把它带到学校来吧。
Nà jiù máfan nǐ bǎ tā dài dào xuéxiào lái ba.

短文 단문

王明　正在　看《三国演义》，这　时，　金英美　来　找　他。英美
Wáng Míng zhèngzài kàn «Sānguóyǎnyì» , zhè shí, Jīn Yīngměi lái zhǎo tā. Yīngměi

告诉　王明，　她　看　过　三　遍　《三国演义》，　不过　她　看　的 是　漫
gàosu Wáng Míng, tā kàn guo sān biàn «Sānguóyǎnyì» , búguò tā kàn de shì màn

画　版。英美　特别　喜欢　看　魔幻　小说，例如《哈利波特》、《魔戒》
huà bǎn. Yīngměi tèbié xǐhuan kàn móhuàn xiǎoshuō, lìrú «Hālìbōtè» 、 «Mójiè»

什么的。　王明　想　跟　英美　借　书，他　请　英美　明天　把　书
shénmede. Wáng Míng xiǎng gēn Yīngměi jiè shū, tā qǐng Yīngměi míngtiān bǎ shū

带　到　学校　来。
dài dào xuéxiào lái.

语言点注释 어법 설명

1. 동량보어

동작 행위의 횟수를 나타내는 보어를 동량보어 (动量补语)라고 한다. 동사가 대명사인 목적어를 가지면 동량보어가 목적어 뒤에 놓인다. 목적어가 일반사물을 나타내는 명사이면 동량보어가 목적어 앞에 놓인다.

예: 看了三遍《三国演义》。(일반명사)

我找过他两次。(대명사)

2. '遍' 과 '次'

'遍' 과 '次' 가 모두 '번, 회' 의 뜻을 나타내지만, '遍' 은 동작의 시작부터 끝까지의 전체과정을 강조하고, '次' 는 전체 내용과는 무관한 동작의 중복을 나타낸다.

예: 她看过三遍《三国演义》。

这本书不太好翻译，我翻译了几次也没翻译完一遍。

3. '把' 자문(2)

술어동사 뒤에 '在' , '到' 가 붙어서 '~을 ~하게하다' 를 나타내는 경우에 처치문 '把' 를 쓴다.

'到' : 처치를 당하는 사람이나 사물을 어떤 장소로 도달을 해내다는 것을 설명한다.

'在' : 처치를 당하는 사람이나 사물을 어떤 위치에 있는 것을 설명한다.

주어 + 把 + 把의 목적어 + 술어동사 + 기타성분

예:				
我	把	那本书	放	在你的桌子上。
麻烦你	把	书	拿	到学校来。

'把' 의 목적어는 말하는 사람이나 듣는 사람이 이미 서로 알고 있는 것이다. 그러므로, '把一本书放在你的桌子上' 라고 할 수 없으며, 반드시 '把那本书放在你的桌子上' 라고 해야한다.

练习 연습

一. 替换练习 교체연습

1. 她 看过 三遍 《三国演义》。
   - 听过 两次 演唱会
   - 写了 五遍 生词
   - 读了 十遍 课文

2. 把 那本书 放 在 你的桌子上。
   - 这张照片 挂 墙上
   - 钱 放 钱包里
   - 鞋 放 盒子里

3. 把 书 带 到 学校 来。
   - 朋友 送 机场 去
   - 同学 送 医院 去
   - 客人 接 家里 来

补充生词 보충단어

客人	kèrén	명	손님

二. 填空 빈칸 채우기

（ 非常　原来如此　麻烦　次　厉害　例如　遍 ）

1. 这本书我借了两________了，但一________也没看完。
2. A：你知道吗？她从小就喜欢看英文书，所以英文特别棒。

   B：________。
3. 他不但英文好，而且中文和日文也不错，真________！
4. 北京有很多有名的地方，________天安门、颐和园……
5. 这个牌子的打印机质量不错，我买的时候还打了八折，________划算。
6. 他们是新生，________你给他们介绍一下这个学校，好吗？

补充生词 보충단어

新生	xīnshēng	명	신입생

三. 造句练习 문장 만들기

동량보어를 이용해서 문장을 만드세요.

보기 金英美看了一遍韩文版的《哈利波特》，还看了一遍中文版的。

→ 金英美看了两遍《哈利波特》。

1. 我今年2月去了北京，6月又去了北京。

→ ____。

2. 那家饭馆的菜很不错，我昨天去吃了晚饭，今天中午又去吃了午饭。

→ ____。

3. 今天上午我去了一次网吧，下午又去了一次网吧。

→ ____。

4. 上个星期我和朋友看了那部电影，昨天又陪妹妹看了那部电影。

→ ____。

5. 《三国演义》真好看，我初中时看了一遍，高中时看了两遍，大学时又看了一遍。

→ ____。

6. 这个节目太有意思了。他上个星期看了两遍，这个星期又看了一遍。

→ ____。

四. 翻译 번역 연습

1. 당신은 이 책에 대해 들어본 적이 있습니까?

2. 저는 베스트셀러 책을 보는 것을 좋아합니다.

3. 나는 사진을 당신의 책상 위에 놓았습니다.

4. 그렇구나! 당신은 제주도 두 번이나 가봤구나.

5. 당신은 어떤 유형의 소설을 좋아합니까?

6. 번거롭겠지만 그 책을 학교에 가져오세요.

五. 情景会话

문장을 읽고 주어진 상황에 맞게 대화를 만들어 보세요.

你和朋友一起聊电影。你们都很喜欢看魔幻电影，例如《哈利波特》。你都看了好几遍了。最近有一部3 D电影很好看。你们打算一起去看。

상황: 두 친구가 영화를 얘기하고 있다.

화두: 你喜欢看电影吗?

中国四大名著 중국4대 유명 저서

중국 4대 명저는《삼국지연의》(三国演义 Sānguóyǎnyì),《수호지》(水浒传 Shuǐhǔzhuàn),《서유기》(西游记 Xīyóujì),《홍루몽》(红楼梦 Hónglóumèng) 을 지칭하며 이 4편 모두 소설이다. 이들 저서는 중국은 물론 전 세계인이 함께 하는 소중한 문화유산으로서 깊은 영향력을 갖고 있다.

《삼국지연의》는 동한 말기와 삼국시대 위 · 촉 · 오 삼국의 군사적 정치적 투쟁을 이야기하고 있다.《수호지》는 강호호걸들이 부패한 조정에 반대하여 양산 (梁山 Liángshān) 에 모여 봉기하는 이야기이고,《서유기》는 당(唐)나라 승려와 그 제자들인 손오공 (孙悟空 Sūn Wùkōng), 저팔계 (猪八戒 Zhū Bājiè) 와 사오정 (沙悟净 Shā Wùjìng) 4명이 불경을 가지러 천축국(天竺國 Tiānzhúguó)으로 가는 과정에서 요괴들을 만나 물리치며 겪는 여러 사건들을 이야기하고 있다.《홍루몽》은 가보옥(贾宝玉 Jiǎ Bǎoyù)과 임대옥(林黛玉 Lín Dàiyù)의 비극적 애정을 주요테마로, 가 (贾 Jiǎ), 왕 (王 Wáng), 사 (史 Shǐ) 설(薛 Xuē)씨 네 가문이 역사적 배경을 바탕으로 쇠락해가는 과정을 담고 있다.

중국에서는 이들 명저는 일생 동안 꼭 읽어야 하는 필독서로서, 생동감이 있고 특색있는 풍부한 언어, 짜임새 있는 구조, 스케일 있게 전개되는 내용, 개성이 뚜렷한 등장인물들의 모습을 그려내고 있어 읽는 사람으로 하여금 깊이 빠져들게 한다. 소설마다 인물적인 특징을 보면《홍루몽》에서는 아름답고 가냘픈 임대옥과 억세고 힘센 독종 왕희봉(王熙凤 Wáng Xīfèng),《삼국지연의》에서는 전략에 탁월한 제갈량과 간웅 조조 (曹操 Cáo Cāo),《수호지》에서는 호랑이를 때려잡은 영웅 무송(武松 Wǔ Sōng),《서유기》에서는 요괴를 미워하고 기지가 뛰어나며 용감무쌍한 손오공과 먹고 자는 것을 좋아하며 요괴를 두려워하지 않는 저팔계 등이 그런 인물들이다.

이런 소설들을 기반으로 제작된 영화나 드라마 황매희(黄梅戏 huángméixì) 월극(越剧 yuèjù) 경극(京剧 jīngjù)등의 작품들은 전 국민의 환영을 받고 있으며, 만화 영화로 제작된《서유기》는 어린이들이 특히 좋아하고 있다.

第十一课

他们要招网页设计人员

▶▶ 生词 단어

招聘	zhāopìn	동	모집하다, 초빙하다
招	zhāo	동	모집하다, 초빙하다
具体	jùtǐ	형	구체적이다
网页	wǎngyè	명	웹페이지
正好	zhènghǎo	부	마침
对口	duìkǒu	형	서로 맞다, 상관되다
待遇	dàiyù	명	대우, 취급
就算……也……	jiùsuàn……yě……	접	가령~이라도
被	bèi	전치	~에게 당하다, ~당하다
录用	lùyòng	동	채용하다, 임용하다
获得	huòdé	동	얻다, 획득하다
经验	jīngyàn	명	경험, 체험
只有	zhǐyǒu	접	~해야만 (~이다)
应聘	yìngpìn	동	초빙에 응하다, 모집에 지원하다
毕业	bìyè	동	졸업하다
正式	zhèngshì	형	정식의, 정규의
打工	dǎgōng	동	아르바이트하다
担心	dānxīn	동	걱정하다
投	tóu	동	(이력서 등을) 부치다, 보내다
份	fèn	양	부 (신문, 잡지, 문건 등을 세는 양사)
简历	jiǎnlì	명	약력, 이력서
好运	hǎoyùn	명	행운
级	jí	명	등급
为了	wèile	전치	~을(를)하기 위하여

▶▶ 专有名词 고유명사

HSK(汉语水平考试)	Hànyǔ shuǐpíng kǎoshì	중국어능력시험

会话 회화

王 明: 英美，深圳一家有名的设计公司在招聘，你不去试试吗？
Yīngměi, Shēnzhèn yì jiā yǒumíng de shèjì gōngsī zài zhāo pìn, nǐ bú qù shìshi ma?

金英美: 是吗？你能说具体一点儿吗？
Shì ma? Nǐ néng shuō jùtǐ yìdiǎnr ma?

王 明: 这个网站上都有，我们一起看看吧。
Zhège wǎngzhàn shang dōu yǒu, wǒmen yìqǐ kànkan ba.

（王明和英美边看网页边聊天）
(Wáng Míng hé Yīngměi biān kàn wǎngyè biān liáotiān)

王 明: 你看，他们要招网页设计人员。
Nǐ kàn, tāmen yào zhāo wǎngyè shèjì rényuán.

金英美: 正好和我的专业对口。待遇怎么样？
Zhènghǎo hé wǒ de zhuānyè duìkǒu. Dàiyù zěnmeyàng?

王 明: 待遇挺好的，还提供宿舍。我的一个朋友就在那里工作。
Dàiyù tǐng hǎo de, hái tígōng sùshè. Wǒ de yí ge péngyou jiù zài nàli gōngzuò.

金英美: 这么好啊，就算不被录用，我也要去试试。
Zhème hǎo a, jiùsuàn bú bèi lùyòng, wǒ yě yào qù shìshi.

王 明: 对啊，还可以多获得些面试经验。
Duì a, hái kěyǐ duō huòdé xiē miànshì jīngyàn.

金英美: 是不是只有有工作经验的人才能应聘？
Shì bu shì zhǐyǒu yǒu gōngzuò jīngyàn de rén cái néng yìngpìn?

王 明: 这儿写着：只要大学毕业就可以。
Zhèr xiězhe: Zhǐyào dàxué bìyè jiù kěyǐ.

金英美: 虽然我没有正式工作过，但是在大公司打过两个月的工。
Suīrán wǒ méiyǒu zhèngshì gōngzuò guo, dànshì zài dà gōngsī dǎ guo liǎng ge yuè de gōng.

王 明: 那你就更不用担心了。
Nà nǐ jiù gèng búyòng dānxīn le.

金英美:　　好　吧，我　来 投 一　份　简历　看看。

Hǎo　ba，wǒ　lái tóu yí　fèn　jiǎnlì　kànkan.

王　明:　　祝　你　好运！

Zhù　nǐ　hǎoyùn!

短文 단문

王明告诉金英美，深圳一家有名的设计公司在招
Wáng Míng gàosu Jīn Yīngměi, Shēnzhèn yì jiā yǒumíng de shèjì gōngsī zài zhāo

聘。那家公司要招网页设计人员，正好和她的专业
pìn. Nà jiā gōngsī yào zhāo wǎngyè shèjì rényuán, zhènghǎo hé tā de zhuānyè

对口，待遇也不错，还提供宿舍。英美觉得她已经通过新
duìkǒu, dàiyù yě búcuò, hái tígōng sùshè. Yīngměi juéde tā yǐjing tōngguò xīn

HSK 5 级，还在大公司打过工，为了多获得一些面试经验，
HSK wǔ jí, hái zài dà gōngsī dǎ guo gōng, wèile duō huòdé yìxiē miànshì jīngyàn,

就算不被录取，也要去试试！
jiùsuàn bú bèi lùqǔ, yě yào qù shìshi!

语言点注释 어법 설명

1. 就算……也……

가정관계를 나타낸다. 앞절에 가정을 서술하고 뒷절에 그 가정의 결과에 대해서 서술한다.

예: 就算不被录用，我也要去试试。

就算下雨，我也要去听演唱会。

2. 只有……才……

조건관계를 나타낸다. '只有'가 제시하는 조건은 유일한 조건이다.

예: 只有有工作经验的人才能应聘。

只有他才有英文版的《哈利波特》。

3. 只要……就……

조건관계를 나타낸다. '只要'가 제시하는 조건은 충족조건이다.

예: 只要大学毕业就可以。

只要不下雨，就去打网球。

4. 为了

목적을 나타낸다. 전치사 '为了' 뒤에 명사나 동사, 그리고 구 등이 올 수 있다.

예: 为了多获得些面试经验，我一定要去试一试。

为了看小说，他经常很晚才睡。

练习 연습

一. 替换练习 교체연습

1. 就算 不被录用，也 要去试试。
   - 不舒服 / 要去上课
   - 今天没有课 / 应该学习
   - 不懂汉语 / 可以去中国旅行

2. 只有 有工作经验的人 才 能应聘。
   - 她 / 会说汉语
   - 外国人 / 要填入境登记卡
   - 到了周末 / 能好好休息

3. 只要 大学毕业 就 可以。
   - 有好电影 / 去看
   - 通过HSK五级 / 可以应聘
   - 多听多说多读多写 / 能学好外语

二. 填空 빈칸 채우기

（ 正好　待遇　担心　份　招聘　获得 ）

1. 每年十二月，很多大公司开始_______新职员。
2. 现在要找一_______好工作可真不容易啊！
3. 年轻人刚开始工作，最重要的是多_______一些经验。
4. 已经晚上十二点了，他还没回来，爸爸妈妈很_______。
5. 英美想订一张飞机票，_______还剩下一个座位。
6. 这个公司挺大的，_______也不错。

三. 造句练习 문장 만들기

1. 就算明天下雨，____________________。（也）
2. ____________________，也要看这次比赛。（就算）
3. 为了学好汉语，____________________。
4. 为了找到好工作，____________________。
5. 只有专业对口，____________________。（才）
6. 只要有时间，____________________。（就）

四. 翻译 번역 연습

1. 당신은 구체적으로 말씀해 줄 수 있습니까?

2. 이 직종은 저의 전공하고 맞습니다.

3. 이 회사의 대우는 어떻습니까?

4. 저는 큰 회사에서 삼 개월의 아르바이트를 한 적이 있습니다.

5. 이 회사는 일을 한 적이 있는 직원을 모집하고 있습니다.

6. 그녀는 비록 신 HSK 5급을 통과했지만, 일자리는 아직 찾지 못했습니다.

五. 情景会话

주어진 자료를 근거로 대화를 만들어 보세요.

简历
姓名：金一　　身高：175㎝
爱好：听音乐 踢足球
外语能力：托业成绩 900　新HSK 5 级
毕业学校：北京大学　　专业：国际贸易
工作经历：去年暑假在贸易公司打过两个月的工
希望职业：销售员

상황: 회사면접실에서 두사람의 대화
화두: 你好! 你叫什么名字?

补充生词 보충단어

国际	guójì	명	국제	형	국제의
托业	tuōyè	명	토익		
成绩	chéngjì	명	성적		
希望	xīwàng	명	희망	동	희망하다
销售	xiāoshòu	동	팔다, 판매하다		

履历 이력서

李 明

北京市海淀区石桥路2号
TEL　86-10-8534-3076
Email：liming@yahoo.com

求职意向

国际市场部

教育背景

2002. 9—2006. 7　北京科技大学电机工程学系软件工程学专业

工作经历

2006. 7-2008. 4　深圳大华公司工程师
负责公司计算机日常维护工作
2008. 5-至今　北京ABC电子产品销售中心电脑销售区域经理
负责公司产品在北京地区的开发、推广、销售工作

基本技能

语言技能:
英语：托业成绩 830，口语流利，书面能力强
专业技能:
熟悉 Linux系统管理

补充信息

持有驾驶证，驾龄3年

个人陈述

我叫李明，今年27岁。现在在北京ABC电子产品销售中心任电脑销售区域经理一职，我的主要工作就是负责公司产品在北京地区的开发、推广、销售工作，以及制定区域产品销售计划，统计并反馈区域销售数据。工作三年多以来，我的销售业绩一直名列前茅，为公司带来了巨大的利润。

我有很强的语言沟通协调、市场洞察及分析判断能力，有一定的销售实战技巧；对工作负责、认真；团队意识强；有丰富的工作经验。

이명
북경시 해정구 석교로 2호
TEL 86-10-8534-3076
Email: liming@yahoo.com

희망 부서

귀사 국제시장부에 입사를 희망

학력

2002.9—2006.7 북경과기대학 전기공학과 소프트웨어 전공

경력

2006.7-2008.4 심천 대화 회사 엔지니어
회사의 컴퓨터 유지보수업무 담당
2008년 5-현재 북경 ABC전자제품 판매 센터 컴퓨터판매 지역책임자
회사제품의 북경지역 개척, 확장, 판매 업무를 담당

기본능력

언어능력:
영어: TOEIC 830점, 유창한 회화실력과 writing 실력을 갖춤
전문기능:
Linux system 관리에 익숙함

추가정보:

운전면허증소지, 3년간 운전경험.

자기소개서

저의 이름은 이명이라 하며 올해 27세입니다. 현재 북경 ABC 전자제품 판매 센터에서 컴퓨터판매 지역책임자로 있으며, 주요업무는 회사제품의 북경시장 개척, 확장, 판매 업무를 담당하며, 제품의 판매계획을 세우고 지역 내에 판매수치를 분석하고 대처하는 것입니다. 3년 이상 종사하면서 저의 판매실적은 줄곧 누구보다 뛰어나 회사에 막대한 이윤을 안겨주었습니다.

저는 의사소통을 통한 상호협조와 시장동향에 대한 분석 및 판단능력이 뛰어나고, 판매를 위한 실전기술을 갖추고 있으며, 업무에 대해 성의와 책임을 다하며, 풍부한 경험을 가지고 있습니다.

第十二课

我找到工作了

▶▶ 生词 단어

恭喜	gōngxǐ	동	축하하다
网络	wǎngluò	명	네트워크, 웹, 사이버
开发	kāifā	동	개발하다
规模	guīmó	명	규모
行业	hángyè	명	업종, 직업
数一数二	shǔyīshǔ'èr	성어	손꼽히다, 일 이등을 다투다
连……都……	lián……dōu……		~조차도, ~마저도
研究生	yánjiūshēng	명	대학원생, 연구생
却	què	부	~지만, ~하지만
谦虚	qiānxū	형	겸손하다, 겸허하다
当初	dāngchū	명	당시, 그 때
门口	ménkǒu	명	입구
遇到	yùdào	동	만나다, 마주치다
压力	yālì	명	스트레스
加班	jiābān	동	초과 근무를 하다
同事	tóngshì	명	동료
炒鱿鱼	chǎoyóuyú		면직(해고) 당하다
习惯	xíguàn	명	버릇, 습관
		동	습관이 되다, 익숙해지다
家常便饭	jiāchángbiànfàn	성어	흔히있는일
工资	gōngzī	명	월급, 임금
逢年过节	féngniánguòjié		설이나 명절이 올 때 마다
发	fā	동	발급하다, 보내다
奖金	jiǎngjīn	명	상금, 보너스
兴奋	xīngfèn	형	흥분하다
越来越……	yuèláiyuè……		점점~해진다, 갈수록~하다

会话 회화

王　明：英美，我找到工作了。
Yīngměi, wǒ zhǎodào gōngzuò le.

金英美：恭喜，恭喜！什么工作？
Gōngxǐ, gōngxǐ! Shénme gōngzuò?

王　明：是一家开发游戏软件的网络公司。
Shì yì jiā kāifā yóuxì ruǎnjiàn de wǎngluò gōngsī.

金英美：公司规模大吗？
Gōngsī guīmó dà ma?

王　明：在这一行业里可以说是数一数二的。
Zài zhè yì hángyè li kěyǐ shuō shì shǔyīshǔ'èr de.

金英美：现在连研究生都很难找到工作，你却能被那么大的公司录用。太不简单了！
Xiànzài lián yánjiūshēng dōu hěn nán zhǎodào gōngzuò, nǐ què néng bèi nàme dà de gōngsī lùyòng. Tài bù jiǎndān le !

王　明：没什么，我运气好。
Méi shénme, wǒ yùnqì hǎo.

金英美：你太谦虚了！
Nǐ tài qiānxū le !

王　明：当初我去应聘的时候，也没想到会被录用。
Dāngchū wǒ qù yìngpìn de shíhou, yě méi xiǎngdào huì bèi lùyòng.

（几个月后，王明在公司门口遇到大学同学小李）
(Jǐ ge yuè hòu, Wáng Míng zài gōngsī ménkǒu yùdào dàxué tóngxué xiǎo Lǐ)

王　明：小李，好久不见了！
Xiǎo Lǐ, hǎojiǔ bú jiàn le!

小　李：怎么是你？你在这儿上班吗？
Zěnme shì nǐ? Nǐ zài zhèr shàngbān ma?

王　明：对。工作还不到半年。
Duì. Gōngzuò hái bú dào bàn nián.

小 李: 你们 公司 工作 压力 大 吗?
Nǐmen gōngsī gōngzuò yālì dà ma?

王 明: 挺 大 的, 经常 要 加班。几 天 前, 还 有 一个 同事 被 炒 鱿鱼 了。
Tǐng dà de, jīngcháng yào jiābān. Jǐ tiān qián, hái yǒu yí ge tóngshì bèi chǎo yóuyú le.

小 李: 真 的? 你们 常 加班, 累 不 累?
Zhēn de? Nǐmen cháng jiābān, lèi bu lèi?

王 明: 能 不 累 吗? 不过 已经 习惯 了。你们 公司 怎么样?
Néng bú lèi ma? Búguò yǐjing xíguàn le. Nǐmen gōngsī zěnmeyàng ?

小 李: 我们 也 差不多, 加班 是 家常便饭。
Wǒmen yě chàbuduō, jiābān shì jiāchángbiànfàn.

王 明: 工资 高 不 高?
Gōngzī gāo bu gāo?

小 李: 比 同 行业 高 一点儿, 逢年过节 还 发 奖金。
Bǐ tóng hángyè gāo yìdiǎnr, féngniánguòjié hái fā jiǎngjīn.

短文 단문

王明 很 兴奋 地 告诉 金英美，他 被 一 家 开发 游戏 软件
Wáng Míng hěn xīngfèn de gàosu Jīn Yīngměi, tā bèi yì jiā kāifā yóuxì ruǎnjiàn

的 网络 公司 录用 了，那 家 公司 在 这个 行业 里 是 数一数二
de wǎngluò gōngsī lùyòng le, nà jiā gōngsī zài zhège hángyè li shì shǔyīshǔ'èr

的 大 公司。英美 恭喜 王明，因为 现在 连 研究生 都 很 难
de dà gōngsī. Yīngměi gōngxǐ Wáng Míng, yīnwèi xiànzài lián yánjiūshēng dōu hěn nán

找到 工作。不过，进 公司 后，王明 觉得 压力 越来越 大。朋
zhǎodào gōngzuò. Búguò, jìn gōngsī hòu, Wáng Míng júde yālì yuèláiyuè dà. Péng

友 说 现在 每 家 公司 都 差不多。
you shuō xiànzài měi jiā gōngsī dōu chàbuduō.

语言点注释 어법 설명

1. 连……都/ 也……

'~조차도, ~마저도' 라는 뜻이다. 전치사 '连' 이 부사 '都/也' 와 호응하여 단어나 구의 사실, 도리, 상황을 강조한다.

连 …… 都/也 + 동사 (……)

예:					
现在找工作太不容易了，	连	研究生	都	很难 找 到工作。
你已经学了三年汉语了，怎么	连	这个	也	不会翻译。

2. '被' 자문

피동을 나타내는 '被' 전치사구가 부사어로 쓰이는 동사술어문을 일컫는다.

'被' 자문은 사람이나 사물이 어떤 동작의 영향을 받아서 어떤 결과를 빚었음을 설명한다. 동사 뒤에는 반드시 다른 성분을 부가하여 동작의 결과나 영향을 설명하여야 한다. 부정형은 부정부사 '不' 와 '没' 는 '被' 앞에 놓인다.

주어 (동작의 대상)	+	被	+	(목적어) (동작의 행위자)	+	술어동사	+	기타 성분

예:				
小王	被	一家大公司	录用	了。
他	没被		炒鱿鱼。	

练习 연습

一. 替换练习 교체연습

1. 连 研究生 都/也 很难找到工作。
   外国人 知道她
   我妈妈 喜欢看《哈利波特》
   吃饭的时间 没有

2. 他 被 （一家网络公司） 录用了。
   车子 （妈妈） 开走了
   我的自行车 （弟弟） 骑坏了
   一个同事 （公司） 炒鱿鱼了

3. 王明觉得压力 越来越 大。
   他的工作 忙
   HSK考试 简单了
   公司规模 大了

二. 填空 빈칸 채우기

（ 家常便饭 越来越 恭喜 习惯 遇到 却 ）

1. ________你这么快就找到了一份好工作！
2. 工作________难找了。
3. 昨天我在路上________了公司同事。
4. 我来中国已经十年了，对这儿的生活已经________了。
5. 我喜欢运动，我弟弟________喜欢看书。
6. 在大公司工作，加班是________。

三. 造句练习 문장 만들기

1. 连小学生________________________________。（都）
2. ________________________________也找不到工作。（连）
3. 我觉得他一定能找到一份好工作，________________________________。（没想到）
4. 我去机场送朋友，________________________________。（没想到）

'被' 자문으로 고쳐보세요.

보기 他拿走了我的书。→ 我的书被他拿走了。

1. 这家公司录用了小王。

→ ______________________________。

2. 小张打开了那个盒子。

→ ______________________________。

四. 翻译 번역 연습

1. 저는 게임 소프트웨어를 개발하는 일을 찾았습니다.

2. 애당초에 제가 초빙에 응시할 때, 채용되는 것은 생각치도 못했습니다.

3. 이 회사는 업종에서도 손꼽히는 회사입니다.

4. 이 일의 스트레스는 매우 큽니다.

5. 명절 때마다 상금을 발급합니다.

6. 몇 일 전에, 한 동료가 면직을당했습니다.

五. 情景会话

주어진 자료를 근거로 대화를 만들어 보세요.

招聘启事

招聘人员：电脑销售员　　招聘人数：2人

招聘要求：本科　　外语能力：托业成绩 900 新HSK 5级

工　　资：8,000元／月

简历截止日期：2011年 11月 25日

面试时间：2011年 12月1日 上午9:00

面试地点：北京市中关村大街中信大楼 302号

联 系 人：李东　　联系电话：0086-10－6688－6688

电子邮件：xiaoshou@hotmail.com

상황: 두 친구가 인터넷에서 중국북경회사 취직 정보를 보고 이야기 나눕니다.
화두 : 你看，网上有家公司在招聘电脑销售人员。

补充生词 **부충단어**

启事	qǐshì	명	공고
要求	yāoqiú	명	요구
中关村	Zhōngguāncūn		중관촌 (지명)
街	jiē	명	대로, 큰길

招聘启事 초빙공고

北京祥云电脑销售有限公司招聘启事

公司介绍

北京祥云电脑销售有限公司位于北京中关南街80号，公司成立于1999年10月1日，目前已是国内同行业内的佼佼者。公司崇尚“科技以人为本”，本着“诚信服务”的宗旨在全国享有良好声誉。

招聘内容

职位名称：电脑销售专员
工作地点：北京
学历要求：本科以上
月薪：面议
年龄要求：25岁-40岁
语言要求：英语
性别要求：不限
招聘人数：1人
职位要求：要求有电脑销售经验一年以上，能熟练使用OFFICE办公软件，工作细心、责任心强、学习能力佳，善于沟通协调，积极主动，亲和力强，思维敏捷；有IT行业经验。
岗位职责：负责本公司的电脑销售工作。
联系方式：电话86-10-6240-8234
传真 86-10-6240-8567
E-mail: xiangyun@gmail.com

북경 상운컴퓨터판매회사 모집공고

회사소개

북경 상운컴퓨터판매회사는 북경 중관촌 남로 80호에 위치하며, 1999년 10월 1일에 설립되어 현재는 이미 국내의 동종업계에서 선두를 달리고 있습니다. 당사는 '과학기술은 사람이 기본이다' 을 숭상하며, '성실과 신용의 서비스' 를 토대로 전국적인 명성을 얻고 있습니다.

모집내용

직위명: 컴퓨터전문 판매원
근무지: 북경시
학력: 대졸이상
급여: 면접 후 결정
나이: 25세 ~ 40세
언어: 영어 가능자
성별: 제한 없음
모집인원: 1명

자격조건: 컴퓨터 관련 1년 이상의 판매경험이 있어야 하고 office 업무프로그램을 능숙하게 사용할 수 있고 세심한 업무처리자세, 강한 책임감, 우수한 학습 능력을 갖추고 협조적, 적극적이고 친화력이 좋고 판단력이 빨라야 하며 IT업계에 유경험자여야 합니다.

근무직책: 본사의 컴퓨터 판매 담당
연락방법: 전화 86-10-6240-8234
FAX 86-10-6240-8567
E-mail: xiangyun@gmail.com

본문 번역&
정답 및 해설

본문번역

제1과 여러 해 동안 만나지 못했지요?

会话 회화

정 란　실례지만, 영미 집인가요?
영미엄마　네, 실례지만 누구세요?
정 란　저는 영미의 친구인 정란입니다. 영미 집에 있습니까?
영미엄마　영미는 학교에서 아직 돌아오지 않았어요. 잠시 후에 다시 걸어보세요.
(잠시 후)
김영미　여보세요!
정 란　여보세요! 나는 정란이야. 너 영미니?
김영미　아! 정란. 너 언제 귀국했니?
정 란　그저께, 우리 여러 해 동안 만나지 못했지?
김영미　그래, 너 지금 어디에서 일하니?
정 란　한 무역회사에서 일하고 있어.
김영미　너 어디에 묵고 있니?
정 란　나는 북경 호텔에서 머물고 있어. 너 아직 옛날 그 곳에 살고 있니?
김영미　맞아, 난 줄곧 그 곳에 살고 있어. 너 오늘 오후에 시간 있니?
정 란　오늘 오후 우리 사장님이 나 보고 손님 접대를 하라고 하셨어, 내일 오후는 어때?
김영미　좋아, 내일 내가 밥을 살게.
정 란　그래. 내일 오후 두시에 너를 찾으러 갈게.

短文 단문

정란은 옛 친구인 영미에게 전화를 걸었다. 그녀는 현재 캐나다에 거주하고 있으며, 무역회사에 다니고 있다. 요 며칠 출장차 귀국해서 북경호텔에 머물고 있다. 그녀들은 이미 여러 해 동안 만나지 못했기에, 빨리 만나서 지난 이야기를 나누고자 한다. 그러나 정란은 오늘 손님을 접대해야 하기 때문에, 그녀들은 내일 오후에 만나기로 약속했다.

제2과 집을 참 예쁘게 꾸몄습니다.

会话 회화

정 란　너희 집을 참 예쁘게 꾸몄구나, 정리정돈도 이렇게 잘 하였네.
김영미　고마워, 이쪽으로 앉아.
정 란　이 소파는 앉으니 너무 편안하다. 언제 산거니?
김영미　지난달에 샀어.
정 란　디자인도 유행하는 스타일이다. 너의 새집을 구경해도 되겠니?
김영미　그럼. 우리 먼저 과일 좀 먹고, 차를 마신 다음에 보자!
정 란　좋아.
(잠시 후)
김영미　나를 따라와, 이쪽이 안방...이쪽은 욕실...
정 란　(거실 벽 위에 걸어 놓은 사진을 보고) 이것이 너희 가족사진이니?
김영미　맞아, 이건 최근에 찍은 우리 가족사진이야.
정 란　참 잘 찍었다.
김영미　고마워! 봐, 가운데 앉으신 분이 내 할아버지와 할머니. 왼쪽은 아버지이고, 오른 쪽이 어머니야.
정 란　너는 쌍둥이 자매가 있었구나! 누가 언니니?
김영미　내가 언니야, 내가 십분 일찍 태어났어.

短文 단문

정란은 김영미집에 놀러갔다. 영미네 집은 매우 예쁘게 꾸며졌고, 정리정돈 또한 잘 되어있다. 과일을 먹고, 차를 마신 후에 영미는 정란을 데리고 자기 집 구경을 시켜주었다. 정란은 거실 벽 위에 걸어 놓은 가족사진을 보았다. 영미는 정란에게 자기 가족을 소개하였고, 정란은 영미에게 쌍둥이 동생이 있다는 사실을 알았다.

제3과 왜 수업을 들으러 가지 않았습니까?

会话 회화

장동명　너 오늘 왜 수업 들으러 가지 않았니?
김영미　학교에서 운동회를 열기 때문에, 그래서 수업이 없어.
장동명　너는 왜 운동회에 참가하지 않았니?
김영미　나는 어릴 때부터 운동에 대해서 흥미가 없었어.
장동명　그럼 너 지금 뭐하는데 그렇게 바쁘니?
김영미　나는 중국어 스피치대회에 참가 하려고, 웅변 초고를 준비하고 있어.
장동명　넌 이미 중국어를 충분히 잘하는데, 더 준비할 필요가 있니?
김영미　아니, 아직 멀었어.
장동명　웅변초고 준비는 어떠하니?
김영미　다 썼어. 내용도 거의 다 외웠어.
장동명　한번 시험적으로 웅변해봐, 내가 들어봐 줄게.
(동명이 들은 후)
장동명　정말 훌륭해, 내용도 좋고, 발음도 매우 정확해.
김영미　동작과 표정은 어때?
장동명　표정은 매우 자연스러웠는데, 동작을 좀 더 넣으면 더욱 좋을 것 같아.

短文 단문

오늘 학교에서 운동회를 열었다. 영미는 운동회에 참가하지 않고, 그녀는 중국어 스피치 대회를 준비하고 있다. 동명은 영미의 중국어는 이미 매우 유창하고, 발음 또한 매우 정확하다고 생각한다. 그러나 영미는 스스로 충분히 좋지 않다고 생각한다. 영미는 동명에게 좀 봐달라고 부탁한다. 동명은 내용이 매우 좋다고 생각하며, 좀 더 연습을 하기만하면 괜찮을 것이라 생각한다.

제4과 프린터가 고장 났습니다.

会话 회화

김영미 이 브랜드의 프린터 하나는 얼마니?
왕 명 대략 오백에서 육백원정도 할거야. 이 브랜드의 프린터는 품질이 좋으면서 가격도 저렴해.
김영미 그래? 넌 사용 해 본 적이 있니?
왕 명 물론이지, 내가 지금 사용하는 것이 바로 이 브랜드야, 이미 2년 정도 사용했어.
김영미 내 프린터가 고장 나서, 새 것을 한 대 사려고 해.
왕 명 그럼 나는 이 브랜드를 구매하기를 추천해, 이 브랜드의 프린터가 가장 좋아.
김영미 너의 프린터 모델이 이것과 똑같니?
왕 명 똑같아, 나와 정란은 모두 이 모델을 사용하고 있어.
김영미 듣기로는 정란이의 프린터가 매우 비싸다던데, 네 것도 정란이 것처럼 그렇게 비싸니?
왕 명 아니, 그녀의 것은 내 것 보다 훨씬 비싸, 아마 내가 그녀 보다 반년 늦게 사서 그럴거야.
김영미 맞아, 구형은 종종 신상품보다 많이 싸지.
왕 명 맞아. 뿐만 아니라 내 것은 인터넷에서 산거야. 인터넷상의 가격은 상점보다 백 원 넘게 싸.
김영미 어떻게 중국 웹사이트에서 물품을 구입할 수 있는지 가르쳐 줄 수 있니?
왕 명 매우 쉬워, 내가 가르쳐 줄게.

短文 단문

김영미의 프린터가 고장 나서, 새것으로 한 대 사려고 한다. 그녀는 왕명에게 추천해달라고 부탁 했다. 왕명은 영미에게 자신이 지금 사용하는 브랜드가 괜찮으며, 품질이 좋으면서, 가격 또한 매우 저렴하다고 알려주었다. 인터넷상에서 물품을 구입하는 것은 일반적으로 상점보다 싸기에, 그래서 영미는 왕명에게 웹사이트에서 물품을 구입하는 법을 가르쳐달라고 부탁했다.

제5과 빈 방 있습니까?

会话 회화

(정란과 김영미는 이야기를 나누면서 호텔에 들어간다)
정 란 실례지만, 빈 방 있습니까?
종업원 싱글 룸이 필요합니까 아니면 더블 룸이 필요합니까?
정 란 더블 룸은 하루에 얼마 입니까?
종업원 더블 룸은 현재 20프로 할인해서, 이백 사십 원입니다.
(영미가 정란에게 말한다)
김영미 방금 우리가 갔던 그 호텔이 여기 보다 싸네, 하루에 이백 삼십 원이야.
정 란 그호텔이 비록 싸지만, 그러나 아침식사를 제공하지 않잖아.
종업원 저희 호텔은 아침식사를 제공하고 있습니다. 1인당 20원입니다.
정 란 뷔페 입니까?
종업원 네.
김영미 그럼 역시 여기가 저렴하네.
정 란 그 곳의 교통 또한 이곳만큼 편리하지 않아. 우리 그냥 이곳에 묵자.
김영미 실례지만, 싱글 룸의 가격은 얼마입니까?
종업원 싱글 룸은 백 삼십 원입니다. 인터넷선이 있습니다.
김영미 봐, 싱글 룸도 더블 룸 보다 얼마 비싸지 않으니 우리 싱글 룸 두 개 하지 않을래?
정 란 그것도 괜찮네.

短文 단문

정란과 김영미는 외지에서 여행 중이다. 그들은 한 호텔에 들어가서 가격을 묻고, 이 호텔의 가격이 괜찮다고 생각했다. 그 호텔은 아침식사를 제공하는 것뿐만 아니라, 교통도 비교적 편리하다. 이 호텔의 싱글 룸은 더블 룸 보다 얼마 비싸지 않기에, 그들은 싱글 룸 두 개를 하기로 결정했다. 여행 시에 돈을 절약하는 것은 매우 중요하지만, 그러나 때로는 편안한 것이 더욱 중요할 때가 있다.

제6과 어느 항공사의 표가 저렴합니까?

会话 회화

김영미 저는 10월20일 광주로 가는 비행기 표를 예약하고자 합니다.
매표원 날짜는 정하셨습니까? 어느 항공사의 표를 예약하고자 합니까?
김영미 어느 항공사의 표가 저렴합니까?
매표원 일반적으로 중국항공과 한국항공의 표가 비교적 저렴합니다.

김영미　도대체 어느 항공사의 표가 더 저렴한지 찾아봐 주실 수 있습니까?

직　원　한국 항공의 표는 1,900원 이지만 좌석이 없습니다. 중국 항공의 표는 2,100원이고, 오직 한 좌석만 남았습니다.

김영미　그럼 어쩔 수 없이 중국 항공의 표를 예약 해야겠네요.

직　원　편도로 예약하시겠습니까? 아니면 왕복으로 예약하시겠습니까?

김영미　왕복으로 하겠습니다.

직　원　네. 제게 영어이름과 여권번호를 알려주십시오.

김영미　JIN YING MEI GH12345. 다 기재하셨습니까?

직　원　네. 다 기재했습니다. 잠시 만요. …… 죄송합니다. 제가 잘 못 봤습니다. 중국항공도 좌석이 없습니다.

김영미　어떡하죠? 다시 한 번 찾아 봐 주세요.

직　원　잠시만 기다리세요. …… 아! 간신히 한 좌석 찾았습니다. 어떤 분이 표를 환불하셨습니다. 한국항공 티켓입니다. 고객님은 참 운이 좋으시네요!

短文 단문

영미는 서울에서 광주까지 가는 왕복 비행기 표를 예약 하려고 한다. 중국항공과 한국항공의 표가 비교적 저렴하다. 한국항공은 좌석이 없었기에, 어쩔 수 없이 중국항공의 표를 예약할 수밖에 없었다. 그러나 때마침 표를 환불한 사람이 있었기에, 그녀는 다시 한국항공의 표를 구입할 수 있었다. 이 표는 전자표로 영미는 출국 당일 항공사 카운터에 가서 여권만 제시하기만 하면 된다.

제7과 창문 쪽 좌석이 있습니까?

会话 회화

(공항 항공사 카운터 앞에서)

공항직원1　여권을 제시해 주십시오.

김 영 미　창문 쪽 좌석이 있습니까?

공항직원1　잠시만 기다려 주세요, 죄송합니다. 창문 쪽 좌석이 없습니다.

김 영 미　괜찮습니다.

공항직원1　총 몇 개의 짐을 가지고 있습니까?

김 영 미　두 개 입니다.

공항직원1　고객님 짐이 중량을 초과하였습니다.

김 영 미　물건을 좀 빼서 휴대하여 탈 수 있을까요?

공항직원1　가능합니다. …… 두시에 42번 탑승게이트에서 탑승 하십시오.

김 영 미　감사합니다.

(세관에 들어가서)

공항직원2　신발을 벗은 후 박스 안에 넣으십시오.

김 영 미　네.

공항직원2　두 팔을 벌리세요. …… 가방을 열어 주세요. …… 죄송합니다, 이 물은 비행기에 가지고 탈 수 없습니다.

(광주공항에서)

공항직원3　아가씨, 여권과 입국신고서를 제시해주십시오.

김 영 미　모두 여기 있습니다.

공항직원3　광주 이외에 다른 곳에도 가실 겁니까?

김 영 미　심천에도 가야 합니다.

공항직원3　연락할 방법을 기입하십시오.

김 영 미　이곳으로 나간 후, 어디에 가서 짐을 찾아야 합니까?

공항직원3　내려가시면 보일 것 입니다.

短文 단문

영미는 오늘 출국한다. 항공사 카운터 앞에서 항공사 직원이 그녀에게 여권을 제시하라고 했다. 그녀는 창문쪽 좌석을 원했지만, 그러나 좌석이 없었다. 영미의 짐은 중량 초과하였기에 그녀는 짐을 좀 빼서 휴대하기로 했다. 영미는 광주에 도착해서 입국신고서에 연락 방법을 기입 후 순조롭게 세관을 통관했다.

제8과 오늘 왕 선생님이 결혼 합니다

会话 회화

왕　명　오늘 왕 선생님이 결혼 하시는데, 너 저녁에 결혼 축하연에 참석하러가지 않니?

김영미　가, 우리 반 전체 학우들은 다 가.

왕　명　너희들은 몇 시에 갈거니?

김영미　다섯 시 반에.

왕　명　결혼식은 몇 시에 시작하니?

김영미　여섯 시. 시간이 다 되어간다, 우리 가자.

(호텔에 가는 길에서)

김영미　샤오리도 곧 결혼 하는데, 너는 알고 있니?

왕　명　뭐? 그는 몇 살인데 벌써 결혼을 해? 스무살 좀 넘지 않았니?

김영미　누가 너처럼 서른 살이 훨씬 넘도록 아직 결혼을 안 했을까?

왕　명　나는 결혼을 하고 싶지 않은 것 아니라, 적당한 상대를 만나지 못한 것뿐이야. 봐,

왕 선생님은 마흔살이 다 되어서야 비로소 결혼하지 않았니?

김영미　됐어, 너무 까다롭게 고르지 말고. 안목을 좀 낮추어.

왕 명　나는 안목이 높은 것 아니라, 인연이 안 닿아서 그런 거야.

김영미　정란이 너에게 결혼상대를 소개해 준적이 있지 않니?

왕 명　사람은 괜찮은데, 그러나 안지 얼마 되지 않았는데 결혼을 할 수는 없지.

김영미　네 말도 맞다. 결혼은 정말 인륜지대사야.

短文 단문

오늘 왕 선생님은 결혼을 하기에, 그의 학생들은 모두 결혼식에 참석하려고 한다. 김영미는 왕명이 서른이 훨씬 넘도록 결혼하지 않은것을 가지고 놀리고 있다. 왕명은 그가 결혼을 하고 싶지 않은것이 아니라, 적당한 상대를 아직 찾지 못한 것이라고 말하였다. 영미는 왕명에게 안목을 좀 낮추라고 권하였다. 왕명은 연분이 매우 중요하다고 생각한다. 결혼은 인류지대사 이기에, 반드시 신중해야 한다.

제9과 다 알아 들을 수 있습니까?

会话 회화

(휴게실에서 왕명과 김영미는 텔레비전을 보면서 이야기를 나누고 있다)

왕 명　영미야, 너는 어떻게 중국말을 그렇게 잘 할 수 있니?

김영미　뭘, 아직 멀었어.

왕 명　내가 기억하기로는 네가 막 중국에 왔을 때, 중국어를 한 마디도 못 했는데.

김영미　맞아, 그 후로 나는 자주 텔레비전을 보면서 사전을 찾아보았어.

왕 명　보아하니 외국어를 배우기 위해서는 많이 듣고, 많이 연습해야 되는구나. 너는 얼마동안 중국어를 배웠니?

김영미　일 년 반 배웠어. 이런, 밖이 너무 시끄럽다, 우리 문을 닫자.

왕 명　좋아. 너 지금 텔레비전은 다 알아 볼 수 있니?

김영미　그럭저럭.

왕 명　너는 하루에 얼마동안 텔레비전을 보니?

김영미　두 시간 정도.

왕 명　그랬구나, 어쩐지 네가 그렇게 말을 잘한다 싶더니. 방금 텔레비전에서 하는 말, 너는 다 알아 들을 수 있니?

김영미　거의 다 알아들을 수 있어.

왕 명　지금 그가 무슨 말 하고 있지? 번역해 줄 수 있니?

김영미　미안해, 이건 너무 어려워서 번역할 수 없어.

短文 단문

왕명과 김영미는 이야기를 나누고 있다. 왕명은 영미가 중국어를 어떻게 그렇게 잘 할 수 있는지 매우 신기해 한다. 영미는 그에게 처음 중국에 왔을 때 중국어를 한 마디도 하지 못하여, 나중에 자주 텔레비전을 보면서 사전을 찾아보았기에 현재 텔레비전을 대부분 다 알아 볼 수 있다고 이야기한다. 영미는 한 가지 외국어 잘 배우려면 반드시 많이 듣고, 말하고, 읽고, 써야한다고 생각한다.

제10과 무슨 종류의 책을 좋아하십니까?

会话 회화

(기숙사에서)

김영미　너는 무슨 책을 읽고 있기에 그렇게 푹 빠져 있니?

왕 명　나는《삼국연의》를 보고 있어. 너는 이 책에 대해서 들어 본 적이 있니?

김영미　당연히 들어봤지, 게다가 세 번이나 봤어.

왕 명　세 번이나 봤다고? 정말 대단한데!

김영미　맞아! 그런데 나는 만화책으로 봤어, 원본은 이해하지 못하겠어.

왕 명　그렇구나!

김영미　너는 무슨 종류의 책을 좋아하니?

왕 명　나는 베스트셀러를 좋아해. 너는?

김영미　나는 판타지소설을 좋아해.

왕 명　그럼 너는 분명히《해리포터》,《반지의 제왕》같은 책 보는 것을 좋아 하겠구나?

김영미　맞아, 너무 좋아해.《해리포터》1부는 두 번이나 봤어.

왕 명　재미있니? 나한테 빌려 줄 수 있어?

김영미　응. 내일 갖다 줄게.

왕 명　나는 내일 면접을 보러가야 돼서, 학교에 못 와.

김영미　문제없어. 내가 내일 너의 책상 위에 책을 놓을게.

왕 명　그럼 번거롭더라도 책을 학교에 가져다 줘.

短文 단문

왕명은 한창《삼국연의》를 읽고 있는 중이다. 이 때 김영미가 그를 찾아왔다. 영미는 왕명에게 그녀가《삼국연의》를 세 번이나 보았지만, 그러나 그녀가 본 것은 만화책 이였다고 알려주었다. 영미는 특히 판타지 소설을 좋아한다. 예를 들어《해리포터》,《반지의 제왕》등. 왕명은 영미에게서 책을 빌리고 싶어 한다. 그는 영미에게 내일 책을 학교로 가져다 달라고 부탁했다.

제11과 웹디자이너 모집 합니다

会话 회화

왕　명　영미야, 심천의 한 유명한 디자인 회사에서 사람을 채용 중인데, 넌 지원하지 않니?
김영미　그래? 좀 더 구체적으로 알려 줄 수 있니?
왕　명　이 웹사이트에 다 있어, 우리 함께 보자.

(왕명과 영미는 웹사이트를 보면서 이야기를 나누고 있다.)
왕　명　봐봐, 그 사람들이 웹디자이너를 모집하고 있다.
김영미　마침 내 전공과 맞다. 대우는 어때?
왕　명　대우도 아주 좋아, 숙소도 제공한다. 내 친구 한명도 바로 그 곳에서 일을 하고 있어.
김영미　이렇게 좋다니, 채용이 되지 않더라도 한 번 지원해 봐야겠다.
왕　명　맞아, 면접경험도 더 얻을 수 있고.
김영미　일한 경력이 있는 사람만 지원할 수 있는 것 아닌가?
왕　명　여기에 써져 있네, 대학졸업자면 지원할 수 있어.
김영미　비록 내가 정식으로 일한 적은 없지만, 그러나 큰 회사에서 두 달 동안 일해 보았어.
왕　명　그럼 더욱 더 걱정할 필요가 없겠네.
김영미　좋아, 한 번 이력서를 보내봐야겠어.
왕　명　행운이 따르길 바란다!

短文 단문

왕명은 김영미에게 심천의 한 디자인회사에서 채용을 한다고 알려주었다. 그 회사는 웹디자이너를 모집하고 있다. 마침 영미의 전공과 맞고, 대우도 괜찮으며, 기숙사도 제공하고 있다. 영미는 그녀가 이미 신HSK5급을 통과하였고, 큰 회사에서 일도 해보았으며, 더 많은 면접경험을 얻고자, 비록 채용이 되지 않더라도 한 번 시험해보고자 한다.

제12과 취업 했습니다

会话 회화

왕　명:　영미야, 나 취업했다.
김영미:　축하해! 무슨 직업인데?
왕　명　게임 소프트웨어를 개발하는 네트워크회사야.
김영미　회사의 규모는 크니?
왕　명　동종업계에서는 손꼽히는 회사야.
김영미　지금은 대학원생들도 취업하기가 힘든데, 너는 그렇게 큰 회사에 채용이 되다니, 대단하다!
왕　명　별거 아니야, 나는 운이 좋았어.
김영미　넌 너무 겸손하다!
왕　명　원래 내가 지원했을 때도 채용이 될 거라고는 생각하지 못 했어.

(몇 달 후, 왕명은 회사 입구 앞에서 대학동기 샤오리를 만났다.)
왕　명　샤오리, 오랜만이다!
샤오리　어떻게 네가 여기 있니? 너 여기에서 일하니?
왕　명　맞아. 일한지 반년도 안 됐어.
샤오리　너희 회사는 업무 스트레스가 크니?
왕　명　꽤 커, 자주 특근을 해야 된다. 며칠 전에 직장 동료 한 명은 해고 되었어.
샤오리　진짜? 너희는 자주 특근을 하는데 힘들지 않니?
왕　명　안 힘들 수 있겠니? 그러나 이미 습관이 되었어. 너희 회사는 어떠니?
샤오리　우리도 비슷해, 특근은 흔히 있는 일이야.
왕　명　월급은 많이 받니?
샤오리　동종업계와 비교해선 조금 높아, 설이나 명절에는 보너스도 나와.

短文 단문

왕명은 매우 흥분해서 김영미에게 그가 한 게임소프트웨어를 개발하는 네트워크회사에 채용되었다고 알려주었다. 그 회사는 동종업계에서는 손꼽히는 회사다. 영미는 왕명에게 축하해 주었다. 왜냐면 요즘은 대학원생들도 취업하기가 매우 힘들기 때문이다. 그러나, 회사에 들어간 후에, 왕명은 스트레스가 갈수록 더욱 심해진다고 느꼈다. 친구는 요즘 모든 회사들이 별 차이가 없다고 말했다.

연습문제정답

第一课

二. 填空 빈칸 채우기

1. 接待　2. 出差　3. 上班
4. 还　5. 再　6. 好

三. 造句练习 문장 만들기

1. 妈妈让我去买东西。（让）
2. 已经十点了，他还在学习。（还）
3. 这几年我一直住在中国。（一直）
4. 她一直住加拿大，好多年没回来了。（好多）
5. 我们约好三点见面，可是我等了好久他也没来。（好久）
6. 这件衣服真好看，是在哪儿买的？（是……的）

四. 翻译 번역

1. 我们好几年没有见面了。
2. 我现在在一家贸易公司上班。
3. 我一直住在北京。
4. 经理让我接待客户。
5. 晚上我请你吃饭。
6. 他还没有回来。

第二课

二. 填空 빈칸 채우기

1. 着　2. 双胞胎　3. 做客
4. 起来　5. 得　6. 收拾

三. 造句练习 문장 만들기

정도보어를 사용하여 문장을 만들어 보세요.

1. 英美的汉语说得很好。
2. 他唱歌唱得很好。
3. 今天考试考得很不错。

'着' 를 사용하여 문장을 만들어 보세요.

1. 门开着。
2. 墙上挂着全家福。
3. 妈妈在客厅看着电视。
4. 朋友喝着咖啡。

四. 翻译 번역

1. 你家布置得真漂亮。
2. 这套沙发是新买的。
3. 这是我们最近拍的全家福。
4. 中间坐着的是我爷爷和奶奶。
5. 你还有个双胞胎姐妹啊！
6. 我早出生十分钟。

第三课

二. 填空 빈칸 채우기

1. 开　2. 参加　3. 对
4. 差不多　5. 准备　6. 流利，标准

三. 造句练习 문장 만들기

1. 他的字写得好极了。（极了）
2. 走了一天的路，累坏了。（坏了）
3. 他从小就对运动很感兴趣。（对）
4. 因为明年要去中国，所以我正在学习汉语。（因为）
5. 因为手机坏了，所以我要买个新的。（所以）
6. 今天你怎么没去学校？（怎么）

四. 翻译 번역

1. 今天你怎么没去上课？
2. 我从小就对音乐感兴趣。
3. 你汉语已经够好的了。
4. 你的发音很标准。
5. 英美正在准备汉语演讲比赛。
6. 你再加点儿动作就更自然了。

第四课

二. 填空 빈칸 채우기

1. 质量　2. 大概　3. 推荐
4. 而且　5. 像　6. 比

三. 造句练习 문장 만들기

1. 从我家到学校坐车大概一个小时。（大概）
2. 这套沙发两千块左右。（左右）
3. 丁兰比金英美胖一些。(比)
4. 苹果比橘子贵两块。　(比)
5. 丁兰比金英美高得多。(比，得多)
6. 张东明和他弟弟一样高。(和……一样)

四. 翻译 번역

1. 五张门票大概一两万块。
2. 这个牌子的打印机价钱又便宜，质量又好。
3. 我推荐你看这本书。
4. 新款往往比旧款贵得多。

5. 她的沙发比我的舒服多了。
6. 你的手机也和这个一样吗?

第五课

二. 填空 빈칸 채우기

1. 打折　2. 刚才　3. 提供
4. 要不然　5. 决定　6. 不但

三. 造句练习 문장 만들기

1. 她们一边喝咖啡，一边聊天。（一边）
2. 虽然明天要下雨，但是我还是要出去。（但是）
3. 虽然这儿离学校有点儿远，但是我想住这儿。（虽然）
4. 她不但喝过中国白酒，而且还喝过中国啤酒。（而且）

아래 문장들을 비교문의 부정형식으로 바꾸십시오.

1. 他汉语没有我说得好。
2. 那件衬衫没有这件漂亮。
3. 我的房间没有他的大。

四. 翻译 번역

1. 您要单间还是双间?
2. 衬衫现在打八折。
3. 这家宾馆提供早餐。
4. 新款不比旧款贵多少。
5. 这家宾馆虽然便宜，但是交通不方便。
6. 丁兰和金英美一边聊天一边走进宾馆。

第六课

二. 填空 빈칸 채우기

1. 只好　2. 到底　3. 剩下
4. 抱歉　5. 只　6. 订

三. 造句练习 문장 만들기

1. 那个电影很好看，票很难买，我好不容易买到两张。(好不容易)
2. 雨下得太大了，他好不容易回到了家。(好不容易)
3. 这件衣服不错，那件也不错，到底买哪件好呢?（到底）
4. 明天我们去爬山，你到底去还是不去?（到底）
5. 蓝色的衬衫都卖完了，我只好买浅黄色的了。（只好）
6. 因为外面在下雨，英美只好在家休息。（只好）

四. 翻译 번역

1. 韩国航空的机票比较便宜。
2. 只剩下一个座位了。
3. 您要单程的还是往返的?
4. 请告诉我您的护照号码。
5. 我看错人了。
6. 我想订一张五月十日去济州岛的机票。

第七课

二. 填空 빈칸 채우기

1. 超重　2. 出示　3. 登机
4. 打开　5. 填　6. 靠

三. 造句练习 문장 만들기

1. 除了衬衫以外，您还要买别的东西吗?（除了……以外）
2. 除了英美以外，我也想去逛街。（除了……以外）
3. 除了单间以外，标间也打八折。（也）
4. 除了他以外，我都认识。（都）
5. (他在教室里 → 他在教室外)
   他从教室里走出去了。（出去）
6. (他在那边 → 他在这边)
   他从那边走过来了。（过来）

四. 翻译 번역

1. 有靠窗的座位吗?
2. 请您出示护照和入境登记卡。
3. 您一共有几件行李?
4. 请将鞋脱下放在盒子里。
5. 这个东西不能带上飞机。
6. 除了广州以外，我还要去深圳。

第八课

二. 填空 빈칸 채우기

1. 喝　2. 眼光　3. 慎重
4. 才，就　5. 才　6. 都

三. 造句练习 문장 만들기

1. 他来中国才三个月，汉语说得就很好了。（就）
2. 才四点，他就下班了。（才）
3. 这次出差我不是去广州，而是去深圳。（而是）
4. 这本书不是在书店里买的，而是在网上买的。（不是）
5. 王明都去过那儿两次了，还不认识路。（还）
6. 都十二点了，他还没来。（都…了）

五. 翻译 번역

1. 她很有眼光。
2. 你不要太挑剔。
3. 婚礼几点开始？
4. 朋友给我介绍过对象。
5. 王老师快四十岁了才结婚。
6. 谁像你，都三十多了，还没结婚。

第九课

二. 填空 빈칸 채우기眼光

1. 刚	2. 好奇	3. 懂
4. 经常	5. 门	6. 不好意思

三. 造句练习 문장 만들기

1. 他在这儿工作了7年。
2. 我们上了50分钟的汉语课。
3. 昨天我坐了一个半小时的火车。

아래 문장들을 '把' 자문으로 다시 만드세요.

4. 杂志在沙发上，请你把它拿给我。
5. 时间不早了，把电视关上吧。
6. 行李超重了，她把一些东西拿出来手提。

五. 翻译 번역

1. 你汉语怎么说得那么好？
2. 到中国以后，我经常一边看电视一边查词典。
3. 现在我都看得懂了。
4. 你一天做多长时间的运动？
5. 学习外语要多听、多说、多读和多写。
6. 外面太吵了，我们把门关上吧。

第十课

二. 填空 빈칸 채우기眼光

1. 次，遍	2. 原来如此	3. 厉害
4. 例如	5. 非常	6. 麻烦

三. 造句练习 문장 만들기

1. 我今年去了两次北京。
2. 那家饭馆的菜很不错，我去吃了两次饭。
3. 今天我去了两次网吧。
4. 那部电影我看了两次。
5. 《三国演义》真好看，我看了四遍。
6. 这个节目太有意思了，他看了三遍。

五. 翻译 번역

1. 你听说过这本书吗？
2. 我喜欢看畅销书。
3. 我把照片放在你的桌子上了。
4. 原来你去过两次济州岛。
5. 你喜欢什么类型的小说？
6. 麻烦你把那本书带到学校来。

第十一课

二. 填空 빈칸 채우기

1. 招聘	2. 份	3. 获得
4. 担心	5. 正好	6. 待遇

三. 造句练习 문장 만들기

1. 就算明天下雨，我也要出去。（也）
2. 就算我明天有考试，也要看这次比赛。（就算）
3. 为了学好汉语，他每天看汉语节目。
4. 为了找到好工作，他每天都在网上查资料。
5. 只有专业对口，才能去应聘。（才）
6. 只要有时间，我就看小说。（就）

五. 翻译 번역

1. 你能说具体一点儿吗？
2. 这个工作和我的专业对口。
3. 这家公司待遇怎么样？
4. 我在大公司打过三个月的工。
5. 这家公司在招聘有工作经验的职员。
6. 她虽然通过了新HSK5级，但还没有找到工作。

第十二课

二. 填空 빈칸 채우기

1. 恭喜　　2. 越来越　　3. 遇到
4. 习惯　　5. 却　　6. 家常便饭

三. 造句练习 문장 만들기

1. 连小学生都看过那本书。（都）
2. 现在连研究生也找不到工作。（连）
3. 我觉得他一定能找到一份好工作，没想到他还没找到工作。（没想到）
4. 我去机场送朋友，没想到遇到了老同学。（没想到）

'被' 자문으로 고쳐보세요 .

1. 小王被这家公司录用了。
2. 那个盒子被小张打开了。

四. 翻译 번역

1. 我找到了开发游戏软件的工作。
2. 当初我去应聘的时候，也没想到会被录用。
3. 这家公司在这一行业里是数一数二的。
4. 这个工作的压力很大。
5. 逢年过节都发奖金。
6. 几天前，有个同事被炒鱿鱼了。

3권 색인

A

B

C

D

E

F

G

够	gòu	충분하다	3
购物	gòuwù	물품을 구입하다	4
挂	guà	걸다	2
怪不得	guàibude	어쩐지	9
关	guān	닫다, 끄다	9
广州	Guǎngzhōu	광주(지명)	6
规模	guīmó	규모	12
柜台	guìtái	계산대, 카운터	6
国际	guójì	국제, 국제적의	11

H

«哈利波特»	Hālìbōtè	《해리포터》	10
海关	hǎiguān	세관	7
HSK (汉语水平考试)	Hànyǔ shuǐpíng kǎoshì	중국어능력시험	11
航空	hángkōng	항공	6
行业	hángyè	업종, 직업	12
好	hǎo	많거나 오래됨을 나타냄	1
好不容易	hǎoburóngyi	가까스로, 겨우	6
好运	hǎoyùn	행운	11
好奇	hàoqí	호기심을 갖다	9
盒子	hézi	작은 상자, 합	7
后来	hòulái	그 후, 그 다음	9
护照	hùzhào	여권	6
坏	huài	고장나다, 나쁘다	4
欢迎光临	huānyíng guānglín	어서 오세요	5
还	huán	돌려주다, 반납하다	5
婚礼	hūnlǐ	결혼식	8
婚姻	hūnyin	혼인, 결혼	8
获得	huòdé	얻다, 획득하다	11

J

级	jí	등급	11
记	jì	기록하다	6
加	jiā	더하다, 증가하다	3
家	jiā	집, 점포 등의양사	1
加班	jiābān	초과 근무를 하다	12
加拿大	Jiānádà	캐나다	1
家常便饭	jiācháng biànfàn	흔히 있는 일	12
价格	jiàgé	가격, 값	5
简单	jiǎndān	간단하다	4
简历	jiǎnlì	약력	11
将	jiāng	~을, ~를	7
讲	jiǎng	이야기하다	3
奖金	jiǎngjīn	상금, 보너스	12
交	jiāo	사귀다	8
教	jiāo	가르치다	4
交通	jiāotōng	교통	5
极了	jíle	아주, 몹시	3
记得	jìde	기억하고 있다	9
街	jiē	대로, 큰길	12
接待	jiēdài	접대하다	1
结婚	jiéhūn	결혼하다	8
节目	jiémù	프로그램	9
借	jiè	빌리다, 빌려주다	10
经常	jīngcháng	항상, 자주	9
经理	jīnglǐ	경영관리책임자	1
经验	jīngyàn	경험, 체험	11
酒店	jiǔdiàn	호텔, 고급 식당	8
旧	jiù	낡다, 오래 되다	4
就算…也…	jiùsuàn…yě…	가령~이라도	11
句	jù	마디, 구	9
具体	jùtǐ	구체적이다	11
决定	juédìng	결정(하다)	5

K

开	kāi	열다, 개최하다	3
开发	kāifā	개발하다	12
看见	kànjiàn	보다, 보이다	7
看来	kànlái	보기에, 보아하니	9
靠	kào	기대다	7
可	kě	강조를 나타냄	8
客户	kèhù	고객, 거래처	1
客人	kèrén	손님	10
客厅	kètīng	거실, 객실	2
空房	kōngfáng	빈 방	5
款	kuǎn	양식	4

L

来	lái	어림수를 나타내는 조사	8
老	lǎo	본래의, 오래 된	1
类型	lèixíng	유형	10
连…都…	lián…dōu…	~조차도, ~마저도	12
练	liàn	연습하다	9
练习	liànxí	연습하다, 연습 문제	3
了	liǎo	끝나다, 완결하다	9
厉害	lìhai	대단하다	10
例如	lìrú	예를 들다	10
流利	liúlì	유창하다	3
录用	lùyòng	채용하다	11
旅行社	lǚxíngshè	여행사	6

M

麻烦	máfan	귀찮게하다, 귀찮다	10
马马虎虎	mǎmahūhū	그저 그렇다	9
卖	mài	팔다, 판매하다	4
漫画	mànhuà	만화	10
贸易	màoyì	무역	1
门	mén	문, 입구; 가지, 과목	9
门口	ménkǒu	입구	12
米	mǐ	미터	5

面试	miànshì	면접시험(보다)	10
魔幻	móhuàn	신비하다, 환상적이다	10
«魔戒»	Mójiè	«반지의제왕»	10

N

拿	ná	(손에)쥐다, (손으로)잡다	7
哪里	nǎli	천만에, 별말씀을	9
奶奶	nǎinai	할머니	2
内容	nèiróng	내용	3

P

牌子	páizi	상표	4
漂亮	piàoliang	예쁘다	2
票务员	piàowùyuán	매표원	6
瓶	píng	병	7

Q

起来	qǐlái	동사 뒤에 쓰여 견해를 나타냄	2
启事	qǐshì	공고	12
谦虚	qiānxū	겸손하다	12
墙	qiáng	벽	2
全	quán	전부의	2
全家福	quánjiāfú	가족사진	2
劝	quàn	권하다, 권고하다	8
却	què	~지만, ~하지만	12

R

让	ràng	~하게 하다	1
人生	rénshēng	인생	8
日期	rìqī	날짜	6
入境登记卡	rùjìng dēngjì kǎ	입국신고서	7
入迷	rùmí	매혹되다, 정신이 팔리다	10

S

«三国演义»	Sānguóyǎnyì	《삼국연의》	10
沙发	shāfā	소파	2
上班	shàngbān	출근하다	1
社团	shètuán	모임, 동아리	3
深圳	Shēnzhèn	심천(지명)	7
慎重	shènzhòng	신중하다	8
省	shěng	아끼다, 절약하다	5
剩下	shèngxià	남다, 남기다	6
时尚	shíshàng	당시의 풍조, 시대적 유행에 어울리다	2
收拾	shōushi	정리하다, 치우다	2
手提	shǒutí	손에 들다	7
舒适	shūshì	편(안)하다	5
数一数二	shǔyīshǔ'èr	손꼽히다	12
双臂	shuāng bì	두 팔	7
双胞胎	shuāngbāotāi	쌍둥이	2
睡	shuì	잠을 자다	3
虽然	suīrán	비록 ~하지만	5
岁	suì	살, 세	8
所以	suǒyǐ	그래서	1

T

台	tái	대(양사)	4
套	tào	벌, 세트	2
提供	tígōng	제공하다	5
填	tián	기입하다, 채우다	7
挑剔	tiāotì	지나치게 트집 잡다	8
通过	tōngguò	통과하다, 지나가다	7
同事	tóngshì	동료	12
同学	tóngxué	학우, 동창(생)	1
投	tóu	(이력서등을) 부치다	11
推荐	tuījiàn	추천하다	4
退	tuì	반환하다	6
脱下	tuōxià	벗다	7
托业	tuōyè	토익(toeic)	11

W

外地	wàidì	외지	5
外衣	wàiyī	겉옷, 코트	7
外语	wàiyǔ	외국어	9
王明	Wáng Míng	왕명(사람 이름)	4
往返	wǎngfǎn	왕복하다	6
网络	wǎngluò	네트워크, 웹	12
往往	wǎngwǎng	자주, 때때로	4
网线	wǎngxiàn	(인터넷)랜선	5
网页	wǎngyè	인터넷 홈페이지	11
网站	wǎngzhàn	웹사이트	4
为了	wèile	~을(를)하기 위하여	11
卫生间	wèishēngjiān	화장실	2
文化	wénhuà	문화	3
卧室	wòshì	침실	2

X

希望	xīwàng	희망(하다)	11
习惯	xíguàn	습관(이 되다)	12
喜酒	xǐjiǔ	결혼 축하주(연)	8
像	xiàng	~와(과) 같다	4
销售	xiāoshòu	팔다, 판매하다	11
小说	xiǎoshuō	소설	10
小学	xiǎoxué	초등 학교	8
笑	xiào	웃다, 비웃다	8
鞋	xié	신(발), 구두	7
新	xīn	새롭다	4
新生	xīnshēng	신입생	10
信息	xìnxī	정보	5
兴奋	xīngfèn	흥분하다	12
型号	xínghào	모델, 사이즈	4
行李	xíngli	짐, 여행짐	7

休息室	xiūxishì	휴게실	9
叙旧	xùjiù	옛일을 이야기 하다	1

Y

押金	yājin	보증금, 담보금	5
压力	yālì	스트레스	12
研究生	yánjiūshēng	대학원생	12
眼光	yǎnguāng	안목, 식견	8
演讲	yǎnjiǎng	강연(하다)	3
要求	yāoqiú	요구(하다)	12
要不然	yàoburán	그렇지 않으면	5
爷爷	yéye	할아버지	2
已经	yǐjing	이미, 벌써	1
一般	yìbān	보통이다, 일반적이다	4
一般来说	yìbān lái shuō	일반적으로 말하면	6
(一)边…(一)边…	(yì)biān…(yì)biān…	~하면서 ~하다	5
应聘	yìngpìn	초빙에 응하다	11
遇到	yùdào	만나다, 마주치다	12
原版	yuánbǎn	(서적의) 원판	10
缘分	yuánfèn	연분, 인연, 연	8
原来	yuánlái	원래, 알고보니	9
原来如此	yuánlái rúcǐ	원래 그런 것이었구나!	10
约	yuē	약속하다	1
越来越…	yuèláiyuè…	갈수록~하다	12
运动会	yùndònghuì	체육 대회	3
运气	yùnqi	운세, 운명	6

Z

早餐	zǎocān	아침밥	5
怎么办	zěnmebàn	어떡해?	6
站	zhàn	서다	7
张开	zhāngkāi	벌리다, 펼치다	7
长	zhǎng	생기다, 자라다	2
招	zhāo	모집하다	11
招聘	zhāopìn	모집하다	11
找	zhǎo	찾다	1
着	zhe	동작의 지속을 나타내는 조사	2
这样	zhèyàng	이렇게, 이와 같다	10
正好	zhènghǎo	마침	11
正式	zhèngshì	정식의, 정규의	11
只好	zhǐhǎo	어쩔 수 없이	6
只有	zhǐyǒu	~해야만 ~이다	11
质量	zhìliàng	질, 품질	4
中关村	Zhōngguān cūn	중관촌(지명)	12
重要	zhòngyào	중요하다	5
准备	zhǔnbèi	준비하다	3
桌子	zhuōzi	탁자, 테이블	10
自然	zìrán	자연스럽다	3
最	zuì	가장, 제일	4
左右	zuǒyòu	가량, 내외	4
做客	zuòkè	손님이 되다	2
座位	zuòwèi	좌석, 자리	6

2권 색인

红	hóng	붉다, 빨갛다	6
后	hòu	뒤	3
花	huā	꽃	1
坏	huài	~하여 죽겠다	12
还	huán	돌려주다	5
换乘	huànchéng	갈아타다	11
黄	huáng	누렇다	6
划算	huásuàn	수지가 맞다	11
会	huì	~할 수 있다; ~할 가능성이 있다	4
回答	huídá	대답하다	5
回去	huíqù	돌아 가다	7
火车	huǒchē	기차	4
或者	huòzhě	혹은	2
互相	hùxiāng	서로, 상호	1

J

家	jiā	점포 등을 세는 양사	11
件	jiàn	옷, 일 따위의 양사	6
见面	jiànmiàn	만나다	2
建议	jiànyì	건의(하다)	9
脚	jiǎo	발	9
教	jiāo	가르치다	5
教学楼	jiàoxuélóu	교실 건물, 강의동	3
价钱	jiàqián	가격	11
假日	jiàrì	휴일, 공휴일	10
节	jié	교시	12
借	jiè	빌리다	5
接	jiē	마중하다	7
近	jìn	가깝다	10
景福宫	Jǐngfúgōng	경복궁	5
进去	jìnqù	들어가다	5
就	jiù	확고함을 나타냄	2
旧	jiù	오래되다, 낡다	6
就是	jiùshì	~뿐이다	1
济州岛	Jìzhōudǎo	제주도(지명)	12
记住	jìzhù	확실히 기억해 두다	7

K

开	kāi	운전하다	4
看	kàn	보다; ~라고 여기다	2
考试	kǎoshì	시험(을 치다)	12
课	kè	수업, 강의	12
渴	kě	목마르다	1
可能	kěnéng	아마도	8
可是	kěshì	그러나, 그렇지만	5
咳嗽	késou	기침(하다)	9
可惜	kěxī	아쉽다, 애석하다	5
快	kuài	빠르다; 곧	7
快乐	kuàilè	즐겁다	12

L

蓝	lán	남빛(의), 남색의	6
老家	lǎojiā	고향, 고향집	12
累	lèi	피곤하다	12
冷	lěng	춥다	9
乐天世界	Lètiān shìjiè	롯데월드	10
离	lí	~에서, ~로부터	11
里	lǐ	안, 속	2
俩	liǎ	두 개, 두 사람	8
联系	liánxì	연락하다	7
聊	liáo	한담하다, 잡담하다	2
聊天	liáotiān	이야기를 나누다	2
路	lù	버스 노선; 길, 도로	11
路人	lùrén	행인	11
旅行	lǚxíng	여행하다	12

M

麻烦	máfan	번거롭게 하다	5
慢	màn	느리다	12
马上	mǎshang	곧, 바로, 즉시	4
美	měi	아름답다, 예쁘다	5
没事儿	méishìr	괜찮다, 무사하다	9
没问题	méi wèntí	문제 없다	5
米	mǐ	미터	9

N

那	nà	그러면	8
哪个	nǎge	어느 (것)	3
那么	nàme	그러면; 그렇게	7
南	nán	남쪽	3
男孩子	nánháizi	사내아이, 소년	2
哪些	nǎxiē	어느, 어떤	10
呢	ne	의문어기조사	1
能	néng	~할 수 있다;~해도 된다; ~할 가능성이 있다	5
女孩子	nǚháizi	여자아이, 소녀	2

P

拍	pāi	사진을 찍다	5
陪	péi	모시다, 동반하다	9
票	piào	표	5

Q

骑	qí	(동물이나 자전거를) 타다	12
前	qián	앞	3
浅色	qiǎnsè	연한색	6
巧	qiǎo	공교롭다	4
茄子	qiézi	가지	5
起飞	qǐfēi	이륙하다	7
晴	qíng	맑다	8
请	qǐng	초대하다	12

清楚	qīngchu	분명하다, 명백하다	3
请教	qǐngjiào	가르침을 청하다	5

R

然后	ránhòu	연후에	5
人民公园	Rénmín gōngyuán	인민공원	3
人山人海	rénshān rénhǎi	사람이 수없이 많이 모인 상태	10
容易	róngyì	쉽다	6
软件	ruǎnjiàn	소프트웨어	3
如果	rúguǒ	만일, 만약	10

S

上	shàng	위	3
上	shàng	먼저, 지난(번)	10
上课	shàngkè	수업하다, 강의하다	3
商量	shāngliang	상의하다, 의논하다	4
上海	Shànghǎi	상해(지명)	7
深	shēn	(빛깔 따위가) 짙다	6
声	shēng	번, 마디	11
什么的	shénmede	~등등, ~들	2
试	shì	시험삼아 해 보다	6
师傅	shīfu	기예인에 대한 존칭	11
试衣间	shìyījiān	피팅룸	6
十字路口	shízìlùkǒu	사거리, 교차로	11
瘦	shòu	작다; 꼭 끼다	6
收	shōu	받다	5
首	shǒu	노래를 세는 양사	12
首尔	Shǒu'ěr	서울(지명)	7
售货员	shòuhuòyuán	점원, 판매원	6
售票处	shòupiàochù	매표소	5
束	shù	묶음, 다발	1
舒服	shūfu	편안하다, 쾌적하다	9
睡	shuì	잠을 자다	7
顺利	shùnlì	순조롭다	1
死	sǐ	~해 죽겠다	12
寺庙	sìmiào	절, 사찰	5
送	sòng	배웅하다	7
送	sòng	주다, 보내다	5

T

特别	tèbié	특히(하다)	12
疼	téng	아프다	9
踢	tī	발길질하다	2
停	tíng	멎다, 멈추다	8
挺	tǐng	매우, 아주	1
听说	tīngshuō	듣자니 ~이라 한다	10
痛快	tòngkuài	통쾌하다, 즐겁다	12
头	tóu	머리	9

W

外	wài	바깥	3
外面	wàimiàn	바깥, 밖	8
完	wán	마치다, 끝나다	9
忘	wàng	잊다, 잊어버리다	7
往	wǎng	~을 향해, ~쪽으로	11
网球	wǎngqiú	테니스	2
喂	wéi	여보세요	4
问候	wènhòu	안부를 묻다	1
问题	wèntí	문제, 질문	5

X

西	xī	서쪽	3
下	xià	(눈, 비가)내리다; 차에서 내리다	8
下	xià	나중,다음	4
下	xià	아래	3
先	xiān	먼저, 우선	8
想	xiǎng	~하고 싶다	4
项目	xiàngmù	항목, 종목	10
小卖部	xiǎomàibù	매점	3
小时	xiǎoshí	시간	10
校园	xiàoyuán	캠퍼스, 교정	3
些	xiē	조금, 약간	10
新	xīn	새롭다	6
行	xíng	좋다, 괜찮다	5
休息	xiūxi	쉬다	2
西直门	Xīzhímén	서직문 (지명)	11
雪	xuě	눈	8
学生会馆	xuéshēng huìguǎn	학생회관	3
学生证	xuéshēng zhèng	학생증	5
雪岳山	Xuěyuèshān	설악산(지명)	4
需要	xūyào	필요하다, 요구되다	11

Y

演唱会	yǎnchànghuì	콘서트	9
样子	yàngzi	모양	6
颜色	yánsè	색, 색채	6
药	yào	약, 약물	9
要…了	yào…le	막~ 하려고 하다	7
野生	yěshēng	야생의	10
一…就…	yī…jiù…	~하자마자 ~하다	7
一定	yídìng	반드시, 꼭	7
衣服	yīfu	옷, 의복	6
颐和园	Yíhéyuán	이화원 (지명)	11
一路平安	yílù píng'ān	가시는 길에 평안하길 바랍니다	7
应该	yīnggāi	마땅히 ~해야 한다; ~할 것이다	8
因为	yīnwèi	왜냐하면, ~때문에	8

一下	yíxià	시험 삼아 해보다, 좀 ~하다	4
一样	yíyàng	같다, 동일하다	2
一直	yìzhí	곧바로, 똑바로	11
又	yòu	또	8
右	yòu	오른쪽	3
右边	yòubiān	오른쪽, 우측	3
有点儿	yǒudiǎnr	조금, 약간	6
游客	yóukè	관광객	5
有名	yǒumíng	유명하다	12
有时候	yǒushíhou	어떤 때에는	2
雨	yǔ	비	8
远	yuǎn	멀다	10
运动	yùndòng	운동(하다)	2
预约	yùyuē	예약하다	10

Z

脏	zāng	더럽다	6
咱们	zánmen	우리(들)	12
早就	zǎojiù	벌써, 일찌감치	12
怎么	zěnme	어떻게, 어째서, 왜	4
张	zhāng	장(양사)	5
照片	zhàopiàn	사진	5
这个	zhège	이, 이것	1
这么	zhème	이러한, 이렇게	7
真	zhēn	정말; 진짜이다	4
正	zhèng	꼭; 마침	6
正在	zhèngzài	~하고 있는 중이다	4
阵雨	zhènyǔ	소나기	8
这儿	zhèr	여기, 이곳	5
支	zhī	자루(양사)	1
知道	zhīdao	알다	1
只	zhǐ	단지, 다만	9
只要…就…	zhǐyào…jiù…	~하기만 하면 곧~	5
中间	zhōngjiān	중간, 가운데	3
周末	zhōumò	주말	2
祝	zhù	축원하다, 축복하다	7
注意	zhùyì	주의하다	9
主意	zhǔyi	방법, 아이디어	1
自己	zìjǐ	자신, 스스로	9
资料	zīliào	자료	8
自行车	zìxíngchē	자전거	12
自由落体	zìyóuluòtǐ	자이로드롭	10
走	zǒu	걷다, 가다	5
最好	zuìhǎo	제일 좋기는	9
最后	zuìhòu	최후, 맨 마지막	6
坐	zuò	타다	4
座	zuò	산, 건물 등의 양사	3
左	zuǒ	왼쪽	3
足球	zúqiú	축구, 축구공	2

MEMO

MEMO